每天学点庄子

王少农 著

九州出版社
JIUZHOUPRESS

图书在版编目(CIP)数据

每天学点庄子 / 王少农著. —北京:九州出版社,2010.12

ISBN 978-7-5108-0778-7

Ⅰ.①每… Ⅱ.①王… Ⅲ.①道家 ②庄子—通俗读物

Ⅳ.①B223.5-49

中国版本图书馆 CIP 数据核字(2010) 第 243774 号

每天学点庄子

作　　者 王少农 著

出版发行 九州出版社

出 版 人 徐尚定

地　　址 北京市西城区阜外大街甲 35 号(100037)

发行电话 (010)68992190/2/3/5/6

网　　址 www. jiuzhoupress. com

电子信箱 jiuzhou@jiuzhoupress. com

印　　刷 北京义飞福利印刷厂

开　　本 787 毫米×1092 毫米　16 开

印　　张 15

字　　数 144 千字

版　　次 2011 年 4 月第 1 版

印　　次 2011 年 4 月第 1 次印刷

书　　号 ISBN 978-7-5108-0778-7

定　　价 25.80 元

至人无己，神人无功，圣人无名。

——《庄子·逍遥游》

序

多情庄子梦蝴蝶
一只蝴蝶在汽车丛中飞来飞去
马里·何塞说
它肯定是庄周在纽约观光
但那只蝴蝶
不知道是蝴蝶
梦见它是庄周
还是庄周
梦见他是蝴蝶
蝴蝶从不疑惑
它飞

——这是1990年诺贝尔文学奖获得者、墨西哥诗人帕斯的一首诗。的确，“庄生晓梦迷蝴蝶”曾使许多人着迷、误解。

我也一样。于国学丛林中，我最欣赏的便是“多情”的庄子。世上皆有“孔孟”、“老庄”之谓。言称国学中，儒家以“孔孟”为首，荀、董、朱、王依次排序，他人不可与孔老夫子相提并论，更不可随意颠倒；但道家却没有这样的规矩，后世除有“老庄”之谓，还有“庄老”之议，意指庄子在道家的地位，还要超过孟子在儒家的亚圣之尊。是否真的如此？多半无人追究。庄子不似孟子那样周游列国，出入公庭，但庄子的后世之名，却大大超过孟子，直追孔子的老师老聃先生，却是不容置疑的。

庄子是个思想家，这从后世对他诸多或“左”或“右”的注解中，可以看到。同时庄子也是一个大文学家，他的文章洒脱、缜密、华丽、通俗而深奥。

可惜的是，后来形形色色的“权威”注家断章取义乃至生吞活剥，将一篇浑然天成、淋漓尽致的《庄子》注得支离破碎，面目全非。或许他们是真心崇拜庄子，但把庄子注成一个说些没头没脑故弄玄虚呓语迭出的避世高人，却是好心办了坏事。

前人写《庄子》的文章，体例大都如斯：列一些《庄子》原文，对难懂的字句加一点简单的注释，然后根据这段文章写一篇读后感，而这读后感多是牵强附会地硬回到庄子的时代，杜撰出一些古人的生活“实景”，而后发一通“幽古”之情。如果有可能再纠正一下他人对庄子的“曲解”，以便说明自己的才是正统与权威。

庄子需要理解，但又有几个人能写到庄子心里去呢？我们只能去近似地理解庄子，以求更多地走近庄子的内心。天下滔滔，人心为名利所趋，从来不问何处有净土可退守。

生活有时一叶障目，耽于眼前物欲，我们便不知道也不相信有“至德之世”的美妙意境。生活需要庄子的浓墨重彩、美轮美奂的理想王国。物质上一无依靠，单仗精神力量去构筑乐园，两千多年前的庄子遭受的压力是许多人难以想象的。但庄子仍旧不学道家鼻祖老子一味“守”、“不争”的做法，而是选择了半积极的入世态度。社会的变动不仅有负面的影响，也给了许多人发展的机会。只是这种机会，在庄子看来是不可与权力相结合的。庄子留给我们的，就是“大道直如发”，勇敢过生活的热忱。

相见恨晚。只愿诸位能换种心情去研读本书，渴求借庄子的酒杯，浇除你我心中的郁结。

本书所引《庄子》原文，是采用1993年岳麓书社出版的《百子全书》中所收的《庄子南华真经》这一版本，署名为“庄周撰”。岳麓书社的这一版本，是采用清光绪元年（1875年）湖北崇文书局《百子全书》原版，并经校勘。特此说明。

目 录

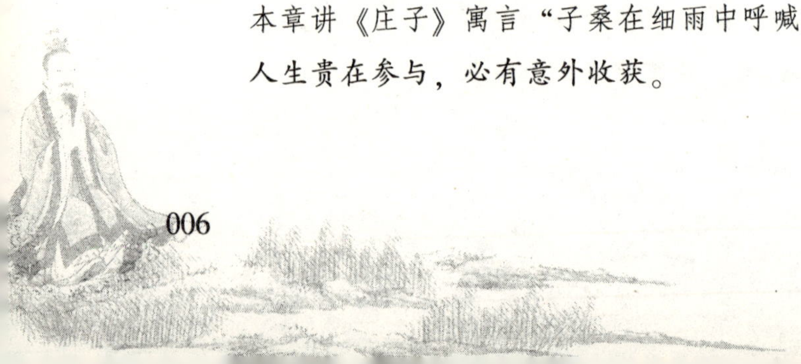

一、做好自己等于拯救世界

本章讲《庄子》寓言“魏牟之叹”

这个世界少一个虚妄的人，就多一颗实在的心。

魏牟仰天长叹

公孙龙问于魏牟曰：“龙少学先王之道，长而明仁义之行；合同异，离坚白；然不然，可不可；困百家之知，穷众口之辩。吾自以为至达已。今吾闻庄子之言，汒焉异之。不知论之不及与？知之弗若与？今吾无所开吾喙，敢问其方。”

公子牟隐机大息，仰天而笑曰：“……子乃规规然而求之以察，索之以辩，是直用管窥天，用锥指地也，不亦小乎？子往矣！且子独不闻夫寿陵馀子之学行于邯郸与？未得国能，又失其故行矣，直匍匐而归耳。今子不去，将忘子之故，失子之业。”

公孙龙口呿而不合，舌举而不下，乃逸而走。（《庄子·秋水》）

庄子说：

公孙龙问魏牟："我从小学习先王治世的道理，后深入仁义，能把不对的说成对的，把不可的说成可的，使百家智士困惑，使善辩之口词穷，今听庄子的言谈，感到茫然，是我辩不过他还是知识不如他？"

魏牟听了，靠着几案深深叹了一口气，仰天笑着说："你不足以知道是非的境地，无法洞悉庄子的言论，你的智慧不足以了解极其玄妙的理论。庄子的理论下达地层上登天空，南北东西通达而不受拘束，返归无所不能的大道，而你还像邯郸学步，还不快回去？"

公孙龙张大嘴而不能合拢，舌头高高抬起而放不下来，很迅速地逃走了。

虚妄不好

庄子这个故事揭示人不可以以管窥天、以锥指地，要明白知识不可穷尽，人能做到最大的极限是完美自身，公孙龙好逞口舌之辩，有什么用呢？说七说八，你自己心里七上八下。你能颠倒黑白，弄得自己也变了颜色。变了颜色还能染回，变了质就没法再用。

魏牟的叹息深邃，他已见很多人死不悔改，并且永远嘴硬。他们的心很虚弱，他们的行为却异常凶狠。魏牟无力制止，他同样只能做好自身。他要从自己身上做起，这个世界少一个虚妄的人，就多一颗实在的心。

魏牟

他仰天长叹，又似仰天长笑。人的笑声似叹息，叹息又似笑。如果人以笑为叹息，就无多笑；以叹息为笑，则无叹息。

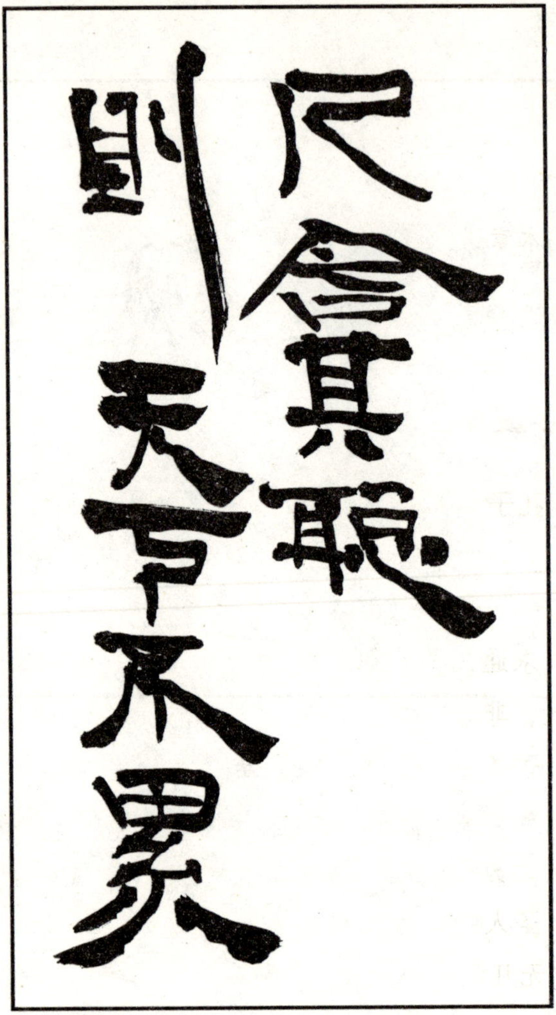

人含其聪，则天下不累。

——《庄子·胠箧》

二、认识自己就可以理解别人

本章讲《庄子》寓言“孔子不怕被人误会”

进入了自我的境界，外部的一切干扰消失。

孔子就是孔子

孔子游于匡，宋人围之数匝，而弦歌不惙。子路入见，曰：“何夫子之娱也?”

孔子曰：“来，吾语女。我讳穷久矣，而不免，命也；求通久矣，而不得，时也。当尧、舜之时而天下无穷人，非知得也；当桀、纣之时而天下无通人，非知失也；时势适然。夫水行不避蛟龙者，渔父之勇也；陆行不避兕虎者，猎夫之勇也；白刃交于前，视死若生者，烈士之勇也；知穷之有命，知通之有时，临大难而不惧者，圣人之勇也。由，处矣！吾命有所制矣!”

无几何，将甲者进，辞曰：“以为阳虎也，故围之。今非也，请辞而退。”（《庄子·秋水》）

庄子说：

孔子周游匡地，被宋国人层层围住，仍不停止地弹

琴唱歌。

子路入内见孔子，说："先生为何这样快乐？"

孔子说："尧舜时代，没有不得志的人，桀纣时代，没有得志的人。这是时势造成的。人的穷困和潦倒是命，只有通达的人才能认识到，大难临头是不惧怕的，需要圣人的勇敢。"

不一会儿，统帅士卒的将官走了进来，表示歉意说："大家认为你是阳虎，所以把你团团围住，现在知道你不是阳虎，我现在就撤兵。"

不用辩解

庄子这个故事表面上说人在困难面前要勇敢，其实是说困难面前要平淡。真正困难来了，只靠勇取是不能的。你平淡处之，自会烟消云散。

当孔子被误解时，不可申辩。

当孔子被围困时，不可突围。

他应坐下来，想一想，喝口水，唱歌，就当事情没发生，他在这里歇一脚。

这其中的技巧在于：他进入了自我的境界，外部的一切干扰消失。随着时间的推移，各种杂事一一迷雾散去，水落石出。当外面又已变个样子时，他的歌还没唱完呢。

孔子周游列国

孔子在路上被人当做阳虎围起来，孔子依然“弦歌不惙”。他不混淆自己与别人，于是一切事都好解决，我自行我道，就无外惑。

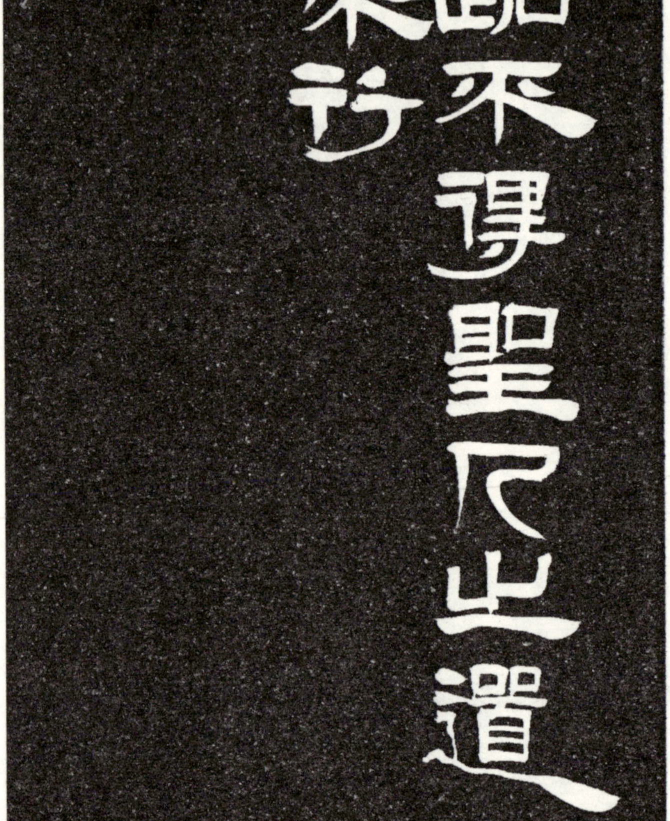

跖不得圣人之道不行

——《庄子·胠箧》

三、以柔的状态进入刚的境界

本章讲《庄子》寓言“无形胜有形，有形亦可胜无形”

大风吹不断小草，小草也刮不起大风。

风比蛇跑得快

蛇谓风曰：“予动吾脊胁而行，则有似也。今子蓬蓬然起于北海，蓬蓬然入于南海，而似无有，何也?”

风曰：“然！予蓬蓬然起于北海而入于南海也，然而指我则胜我，鳝我亦胜我。虽然，夫折大木、蜚大屋者，唯我能也。”（《庄子·秋水》）

庄子说：

蛇对风说：“我运动背椎和腰胁行走，你呼呼地从北海刮起来，又呼呼吹入南海，好像没有形迹，为什么呢？”

风说：“我能折断大树，吹飞大屋，在细小方面不求胜利，而求得更大的胜利。获得大的胜利的，只有圣人才能够做到。”

无形胜有形

庄子假借蛇与风的对话，揭示无形胜有形的道理。

有形必为有形所累，无形必为无形所阻。话虽如此，无形虽然怕无形，但无形不怕有形。无形之风摧折有形之木，无形之气杀戮千人万人，这也很平常。

当以无形制有形，不能以有形制有形。

所谓无形制有形，就是把自身变小到极限，此即无为，自然就会无为而无不为。大风吹断大树，但吹不断小草，就是这个道理。

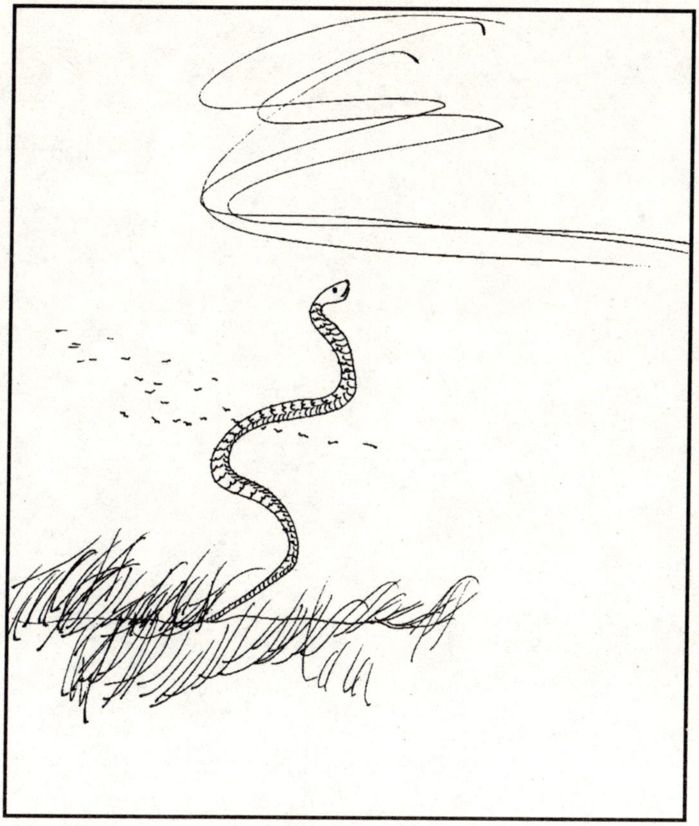

蛇与风的对话

蛇没风跑得快，风以无形胜有形。凡事摆谱，往往没谱。

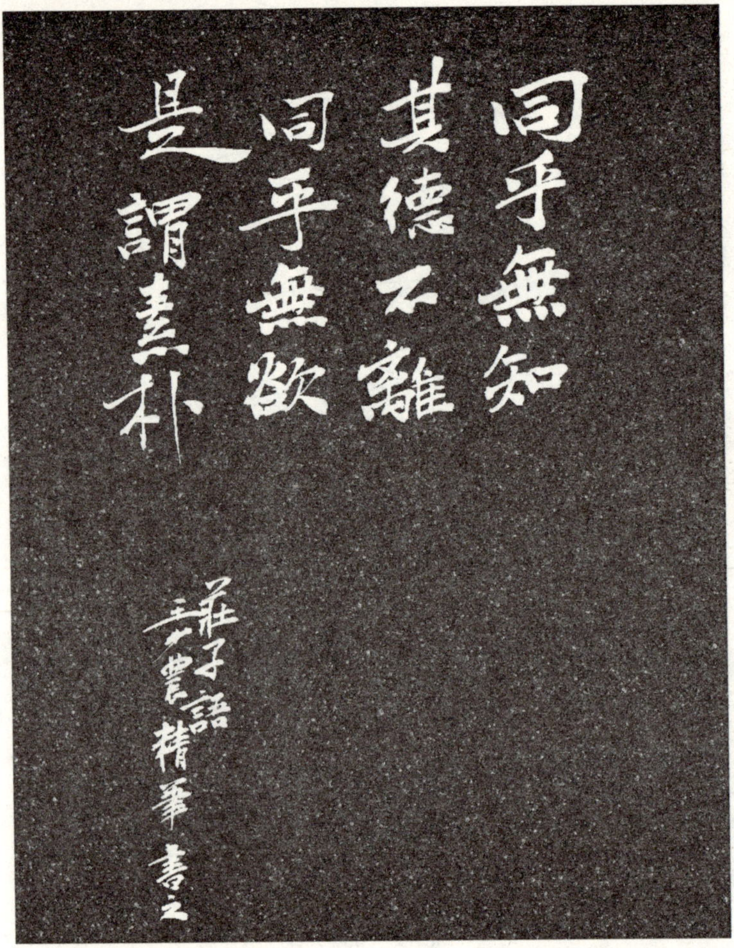

同乎无知，其德不离。同乎无欲，是谓素朴。

——《庄子·马蹄》

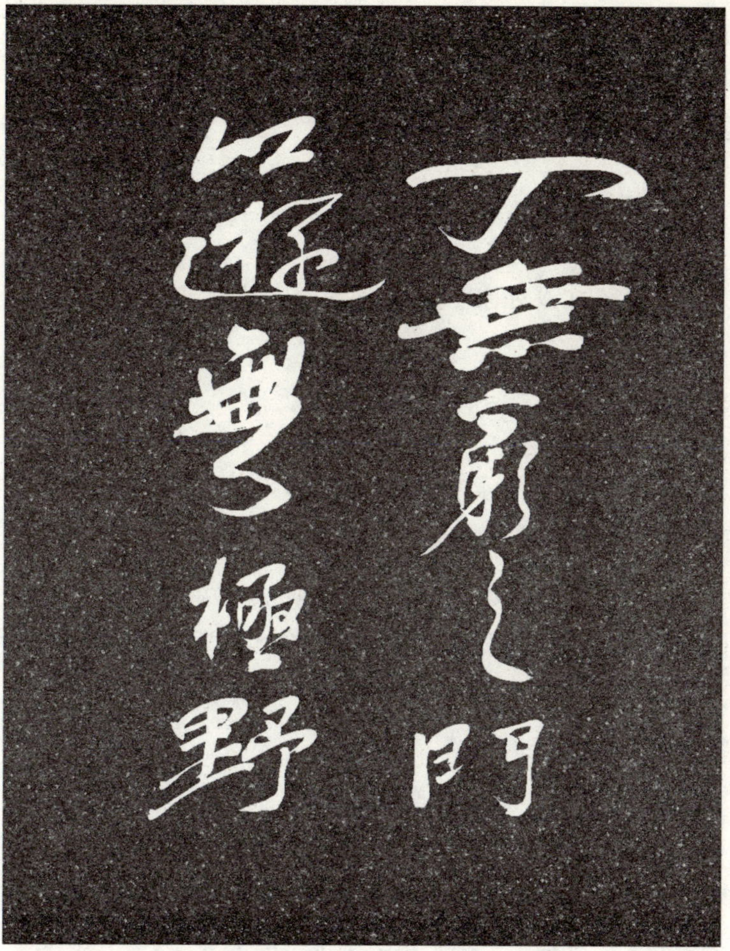

入无穷之门，以游无极野。

——《庄子·在宥》

四、自求吾心，一爽俱爽

本章讲《庄子》寓言“老子教孔子”

大道不可以外求，要自求吾心，直接为道。

孔子见老子

孔子行年五十有一而不闻道，乃南之沛见老聃。老聃曰：“子来乎！吾闻子，北方之贤者也。子亦得道乎?”孔子曰：“未得也。”老子曰：“子恶乎求之哉?”曰：“吾求之于度数，五年而未得也。”老子曰：“子又恶乎求之哉?”曰：“吾求之于阴阳，十有二年而未得。”

老子曰：“然。使道而可献，则人莫不献之于其君；使道而可进，则人莫不进之于其亲；使道而可以告人，则人莫不告其兄弟；使道而可以与人，则人莫不与其子孙。然而不可者，无他也，中无主而不止，外无正而不行……”

孔子见老聃归，三日不谈。(《庄子·天运》)

庄子说：

孔子五十一岁仍未得“道”，便往南拜见老子，说：

"我从气运上去寻道，五年来没有得到。从阴阳变化去寻求，十二年也没得道。"

老子说："道不能用来奉献，也不能给予。至人对仁只是借路，对义只是暂住，这样才能探求内心真实的遨游。"

孔子见了老子回家，三天不说话，弟子问："先生对老子有什么话吗？"

孔子说："我如今见到龙了，他有尸体般的安定和像龙一样的神情飞扬。我哪里对他能有什么话。"

孔子有一次又对老子说："我研究了《诗》、《书》、《礼》、《乐》、《易》、《春秋》，拿去见七十二国君，以讲解先王的道理，却无人采用，是何缘故呢？"

老子说："六经不过是先王留下的遗迹，而非遗迹本原，如果得道，无论怎样都行，失去道无论如何都不行。"

孔子不出门已有三月，终于得道。

自求吾心

庄子这个故事借老子与孔子的对话，说明了一个道理，那就是大道不可以外求，要自求吾心。

孔子先从气运上求道，不得。孔子可见的三代气运，以周朝最为长久。但周朝也非永久。周有道，但周不等于道。

孔子又用阴阳来求道，不得。阴阳比气运又高一级，但阴阳变化自有其道，它是排外、排他的，只顾自己运转。人不可能加入阴阳之道，只能为阴，不能为阳；只能谦卑顺服，不能越位，不能妄想取代自然。

一句话，大道不可以外求，你要直接为道，即自求吾心。

老 子

老子告诉孔子幸好你没遇上治世之君，否则有去无回。孔子明白了自己还不行，说什么去改变他人？

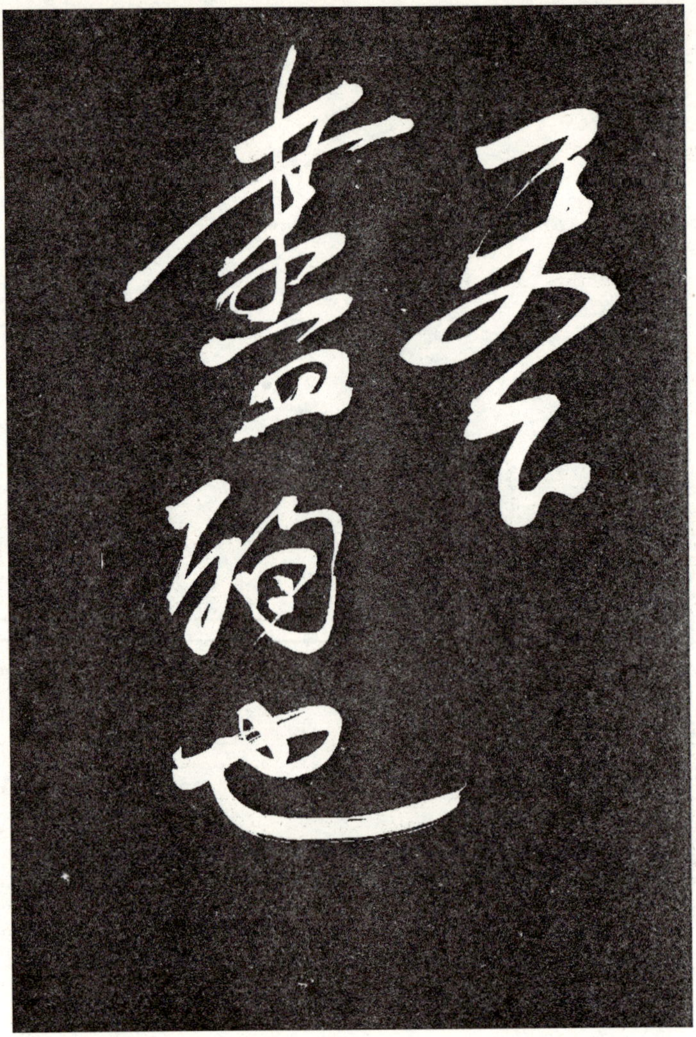

天下尽殉也

——《庄子·骈拇》

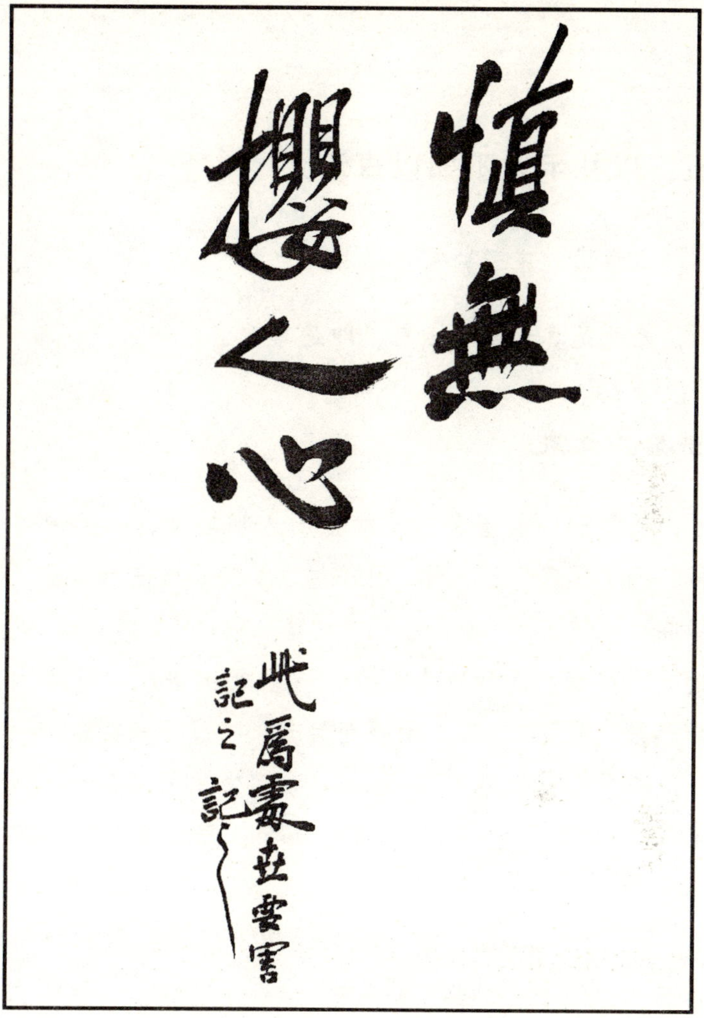

慎无撄人心

——《庄子·在宥》

五、以礼示人不如以真示人

本章讲《庄子》寓言“礼外之礼”

无礼是真。以真示人，即是尊重。

子桑户之死

子桑户、孟子反、子琴张三人相与友，……莫然有间，而子桑户死，未葬。孔子闻之，使子贡往待事焉。或编曲，或鼓琴，相和而歌曰：“嗟来桑户乎！嗟来桑户乎！而已反其真，而我犹为人猗！”子贡趋而进曰：“敢问临尸而歌，礼乎?”二人相视而笑曰：“是恶知礼意?”

子贡反，以告孔子曰：“彼何人者邪？修行无有，而外其形骸，临尸而歌，颜色不变，无以命之。彼何人者邪?”

孔子曰：“彼，游方之外者也；而丘，游方之内者也。”（《庄子·大宗师》）

庄子说：

子桑户、孟子反、子琴张三人是好朋友。

子桑户死了，孔子派子贡去助丧。子贡看见孟子反和子琴张两人，一个在编歌曲，一个在弹琴。

子贡问道：“对着尸体歌唱，合乎礼仪吗？”

二人相视笑了笑说：“他哪里懂得礼的真正含义。”

子贡回去把所见告诉孔子。

孔子说：“他们是摆脱礼仪约束而游于人世之外的人，因而不拘礼节。像我，还游于世俗之内。”

不可抗拒心灵

庄子这个故事讲了两种人生观，一种是游于方内，比如孔子。一种是游于方外，比如孟子反与子琴张。

所谓方内，即世内。古人认为世界是方的，因此称方内。游于方内即入世，游于方外即出世。

人常有出世之想，却不能实现。孟子反、子琴张二人临尸而歌，如此吊丧，实属荒诞。

但在他们，其实很自然。

因为他们原不晓得什么是礼，所以就不晓得什么是无礼或失礼。

他们的心中一旦发出指令，他们就去做。

一个人如果老是抗拒自己的心灵，他的心、他的灵就会弃他而去。

以真示人

说白了，“临尸而歌”，那就是无礼。

有时“无礼”，却表示尊重。这个道理一点也不怪，原理如下：

无礼是真。以真示人，即是尊重。

孟子反与子琴张二人一弹一唱，非常默契。这种默契并非来自理解，而是来自不理解。

当两个都不明白的人在一起，就可以会心一笑了。他们不明白子桑户为什么要死？更不明白为什么死的不是自己？因此他们一弹一唱，与其说是悲伤别人，不如说是庆幸自己。

世上最迷人之事莫过于不可知。

你只需要对不可知之物保持敬畏，心中就永远有盼望。

孟子反与子琴张吊丧

他们用这种方式给好朋友子桑户吊丧，所谓临尸而歌，就像庆祝升平。唱完了就走，相忘于江湖。

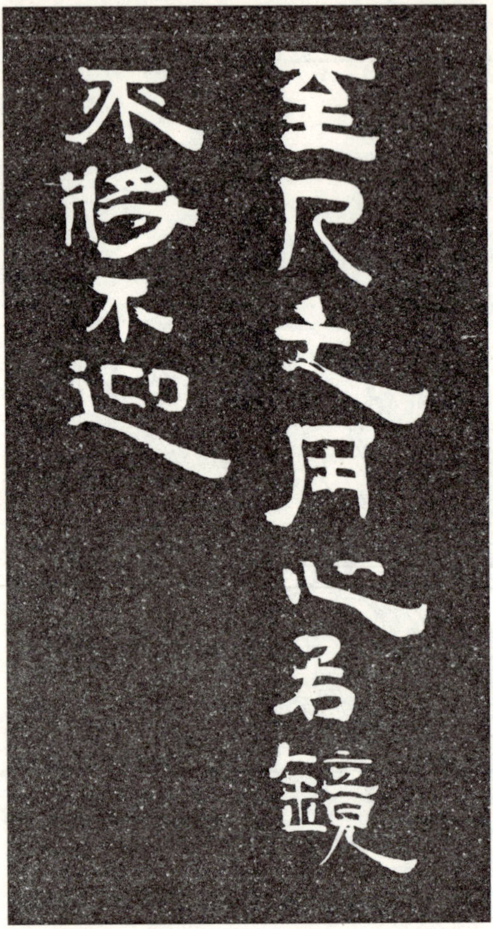

至人之用心若镜，不将不迎。

——《庄子·应帝王》

六、别让人生像音乐一样缥缈

本章讲《庄子》寓言“黄帝论乐”

把所有事情看成已经过去，跳过事情直接做人。

黄帝论音乐之道

北门成问于黄帝曰：“帝张咸池之乐于洞庭之野，吾始闻之惧，复闻之怠，卒闻之而惑，荡荡默默，乃不自得。”

帝曰：“女殆其然哉！吾奏之以人，征之以天，行之以礼义，建之以太清。夫至乐者，先应之以人事，顺之以天理，行之以五德，应之以自然，然后调理四时，太和万物。……一死一生，一偾一起，所常无穷，而一不可待。女故惧也。吾又奏之以阴阳之和，烛之以日月之明。其声能短能长，能柔能刚，变化齐一，不主故常。在谷满谷，在坑满坑。……女委蛇，故怠。吾又奏之以无怠之声，调之以自然之命。故若混逐丛生，林乐而无形，布挥而不曳，幽昏而无声。”（《庄子·天运》）

庄子说：

北门成听见黄帝在广漠的原野上演奏成池乐曲，开始时感到惊惧，再听时觉得松弛，听到最后却觉得迷惑，精神恍惚，疑惑不定，不知所措，便问黄帝这是为何？

黄帝说：

“我以人情来弹奏乐曲，以天理来伴演，以仁义来运行，以天道来确立。乐声终结而寻不着结尾，乐声开始而寻不着起头，一时消逝一时兴作，一时停止一时升起，变化方式无穷无尽，所以你感到惊惧。

“我又用阴阳交和来演奏，用日月光辉来烛照，约制情欲，凝守精神，乐声悠扬，节奏明朗，形体充满而内心却又好像不复存在，所以你觉得松弛。

“我用忘情忘我的境界来演奏，用自然的节奏加以调和，音调混同驰逐相辅相生，如众乐齐奏而不见形迹，昏暗而无声响，处于幽暗的境界，或以为它消逝，或以为它兴起，或以为它实在，或以为它虚华。所以你迷惑不解。迷惑才醇和无识，才合于道，到这境地，就与道融合相通了。”

跳过事情看人

庄子这个故事借乐说人，传承了黄帝人生之道的三个境界。

第一个境界是人情世故。熟知为人之道当然也是境界，并且是一大境界。要在众人中相处，委实不易！人情人情，要有情，这样人与人可以相处。否则谁都冷冰冰，只好兵刃相见。如果说世上还有化腐朽为神奇之事，那么就是一个情字。世故，世故，要把所有事情都看成已经过去，跳过事情直接做人。把一切事当成故事听，要让它活而远离，不要它死而缠身。

手巧不如手狠

第二个境界是太和。其要旨为：调和阴阳，缓慢操作。调和的关键不在于手巧，而在于手狠。大风要把小羊吹下山崖之际，你要狠狠握住小羊的腿。

忘　情

第三个境界就是忘情。关于这一点，其要旨是：忘情不是忘掉情，而是忘掉遗忘这回事，不刻意去忘，自然忘掉。庄子把这叫做“忘忘”。

黄帝与北门成

黄帝手中的琴三奏而成曲，北门成始终不得要领。黄帝告诉他不得要领是正确的，听傻了就会心灵专一，始可接受。要是越听越明白，就会失弹者之意。你好像越听越明白，其实是兜了一圈回到自己，并无进步。

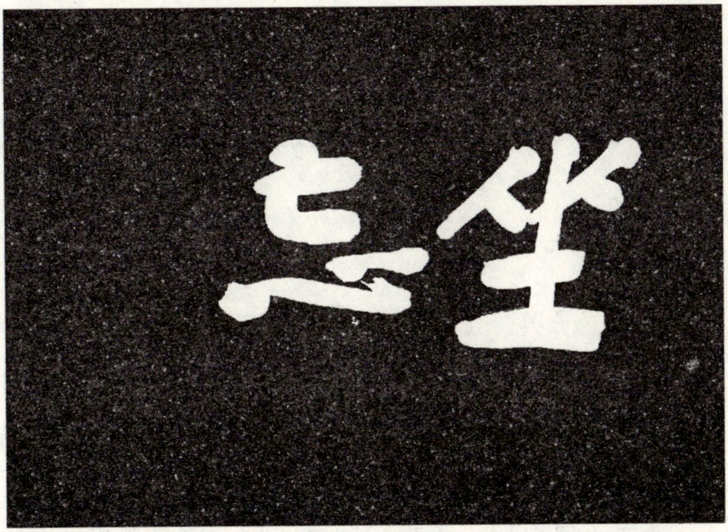

坐　忘

——《庄子·大宗师》

七、无所谓就无所失

本章讲《庄子》寓言"子来说生死"

生死像顿饭，该放下碗时就该拍拍肚皮走了。

善生又善死

子祀、子舆、子犁、子来四人相与语曰："孰能以无为首，以生为脊，以死为尻，孰知死生存亡之一体者，吾与之友矣。"四人相视而笑，莫逆于心，遂相与为友。

俄而子舆有病，子祀往问之。曰："伟哉！夫造物者将以予为此拘拘也。……"

子祀曰："女恶之乎？"曰："亡，予何恶！……且夫物不胜天久矣，吾又何恶焉！"

俄而子来有病，喘喘然将死。其妻子环而泣之。子犁往问之。曰："叱！避！无怛化。"倚其户与之语曰："伟哉造化！又将奚以汝为？将奚以汝适？以汝为鼠肝乎？以汝为虫臂乎？"

子来曰："……夫大块载我以形，劳我以生，佚我以老，息我以死。故善吾生者，乃所以善吾死也。……

今一以天地为大炉，以造化为大冶，恶乎往而不可哉！”成然寐，蘧然觉。（《庄子·大宗师》）

庄子说：

子杞、子舆、子犁、子来四个人是好朋友。

有一回子舆生病了，腰弯背驼，五脏穴口朝上，肩膀高过头顶，颈椎朝天隆起，可子舆却很闲适，若无其事。

子杞来看他，说：“你厌恶你自己吗？”

子舆说：“不，我安心适时，顺应变化。”

不久子来也病了，喘着粗气将要死去，妻儿围在床前哭泣，子犁去看他，对人说：“去，走开，不要惊扰由生到死的过程。”

他对子来说：“造物主会把你变成老鼠的肝，还是小虫的臂膀？”

子来说：“我把生看做是好事，也把死看成好事。”

他说完酣然睡去，又自在醒来。

《庄子》这个故事非常好玩，子来说他不但“善生”，还“善死”，看来他确实得道了。人最大的问题不是怎样生，而是怎样死。死亡的过程残忍又麻烦，程序复杂，欲速则不达。

《庄子》揭示：所谓生，就是为死做准备。这个观点没几个人同意，但生命本来如此，又何必忌讳？

《庄子》故事中的子来通达生死，虽然不能做到以死亡为享受，但他做到了以死亡为自然。这样当然不能说战胜了死亡，但他至少能正视死亡。

生死像顿饭

这几个人很有意思。

子杞在病人床前直言无碍，问他：你厌恶自己吗？

作为病人的子舆也很绝，也直接回答：不，我不厌恶。

子舆既不厌恶自己，也不厌恶疾病，这样就可以减轻痛苦，同时也减轻了盲目救治带来的更大风险。

子来更绝，视生死如吃饭，谁还带着饭到处跑？该放下碗时就该拍拍肚皮走了。天地之大到处可居，你的肚子却没有多大。

无所谓，无所失

子犁问子来：你死后造物主会把你变成老鼠的肝，还是小虫的臂膀？

好家伙，朋友都快死了，他居然说这种话，是不是疯了？他没疯，他只是好奇。

子来本人对自己死亡更好奇，他也想搞清楚自己死后又将被怎样变来变去？但他知道，他一定搞不懂的，因此他彻底放下这个问题，在死亡面前无所谓。无所谓，因此无所失。

子来不把自己当人，因此将死而无憾。

子犁问他：你死了会变成老鼠的肝呢，还是虫子的臂？子来说：随便！他把自己交给自然，不挣扎，只顺从，反而睡一觉就病好了。

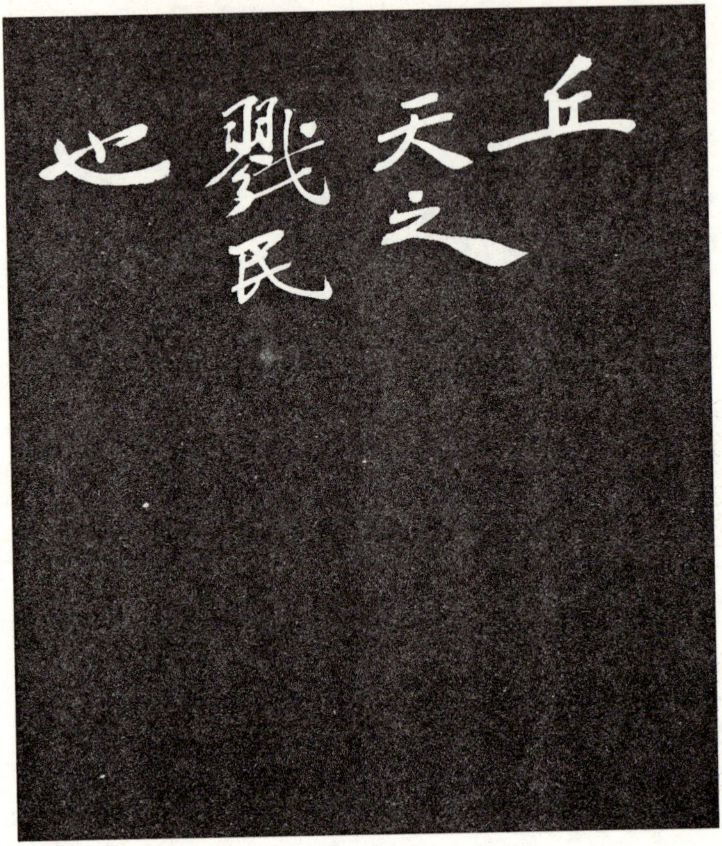

丘，天之戮民也。

——《庄子·大宗师》

八、忘了什么你就成了什么

本章讲《庄子》寓言“女偊之道”

忘记一切，得到一切。

女偊讲道

南伯子葵问乎女偊：“子之年长矣，而色若孺子，何也?”

曰：“吾闻道矣。”

南伯子葵口：“道可得学邪?”

曰：“恶！恶可？子非其人也。……以圣人之道告圣人之才，亦易矣。……”

南伯子葵曰：“子独恶乎闻之?”

曰：“闻诸副墨之子，副墨之子闻诸洛诵之孙，洛诵之孙闻之瞻明，瞻明闻之聂许，聂许闻之需役，需役闻之於讴，於讴闻之玄冥，玄冥闻之参寥，参寥闻之疑始。”（《庄子·大宗师》）

庄子说：

南伯子葵问女偊：“你这么大年龄，面容却像孩童，是何缘故？"

女偊答道："我得道了。"

子葵："道可以学得到吗？"

女偊："不可以，以圣人之道传给圣人之才，才容易领悟。我用三天忘了天下，再七天而忘了万物，再九天而无虑生死，心境才明彻，明彻才能感受'道'，得道才能超越古今，而后才能无所谓生死。道之为物，无迎无送，无毁无成。"

子葵说："那么你从哪儿得来的道？"

女偊说："从文字那得到的，文字通过背诵得到，背诵通过解读得到，解读通过耳授得到，耳授通过实行得到，实行通过吟咏领会，吟咏通过静默得到，静默通过空虚悟出，空虚通过迷茫之始得到。"

《庄子》的这个故事讲了两个意思：

一是要"以圣人之道告圣人之才"，缺一不可。

这听起来很神秘、很难，其实一点也不神秘，一点也不难。

圣人之道到处都是，一切山山水水，一切花花草草，生者有生之道，死者有死之道，圣道即自然之道。

也可说自然无道，你看天看地，你本人就在其中。

你上不能升天，下不能入地，那你干吗？做人。做人什么意思？就是做出人样。

《庄子》讲的这个故事另外一个意思就是学道要注重文字。文字是用来抛弃的，抛弃之前你却要看懂。书是用来扔的，扔之前你要知道它的轻重。孟子曰：“尽信书则不如无书”，也是此意。

道可证，不可传

本篇不但讲了“传道”的关键，而且讲了“得道”的奥秘所在。

先说传道——

庄子名言“以圣人之道告圣人之才，亦易矣!”讲大家都是圣人，两相对应，自然就成了。这就是传道的关键。

与其说传道，不如说证道。

道可证，不可传。

不同人之间悟道有先后，证道却一。圣道不远人，圣才不远道，二者水乳交融。谁是圣才？人人都是圣才。何以见得？因为你心向善，爱美。

忘道是道

证道之后，并非得道，而是忘道。

忘掉一切，得到一。

忘掉一，得到一切。

女偊说他用三天忘了天下，七天忘了万物，九天忘了自己，就是这个意思。

得道有程序

忘道的同时，你就得道了。你如念念不忘，必会有失。

庄子借女偊之口，具体讲了得道的九个科学程序，即：

文字→背诵→解读→耳授→实行→吟咏→静默→空虚→迷茫之始

文字是大道之始。禅家一面说“不立文字”，一面又玩“文字禅”的游戏。据我看，文字还是要的。文字的意义有二：

一、它是人说的话。

二、它是最初的命名。

老子说“道可道，名可名”，这个“名可名”就是指文字。

老子当初也不能道传天下，只得借《道德经》五千字。孔子就更有自知之明了，一面整理五经，一面作《春秋》，一面又对弟子传下诸多语录。老、孔二圣尚不能离文字，我们安敢“文外谈道？”

断不能离开《圣经》讲上帝，更不能妄立文字。

背诵是大道之人。文字有形，读之有声。有声则入耳，进而进入脑海深处。大脑如海绵，过滤各种声音。

圣音如乐，魔音如诉，取圣音。

柔音属雌，杂音属雄，取柔音。

柔而不和，还需再揉。柔而且和，就成了。

解读是大道之生。即证道。

耳授是大道之隐。总有些道理你需独享，我当私传。

实行是大道之出。有道而不行，等于无道。

吟咏是大道之熟。书读百遍，其义自现。有人吟咏得哲理，有人吟咏得诗意，当以诗意为上。何哉？哲理不过一悟，诗意却让人觉得美好。

静默是大道之酿。就像无声无息中美酒酿成，大道要久久酝酿，才得一醇。

空虚是大道之本。

迷茫是大道之始。

由空虚入迷茫，大道茫茫，我心也茫茫。以茫茫投茫茫，反得光亮。就像以黑珍珠投进黑夜，反得光亮。

女 偊

女偊的长寿之道就是不把生命当回事，这就是“外生”，即以生命为外在之物。因此就无古今，长寿而不知。

无古今

——《庄子·大宗师》

采 真

逍遥，无为也。苟简，易养也。

——《庄子·天运》

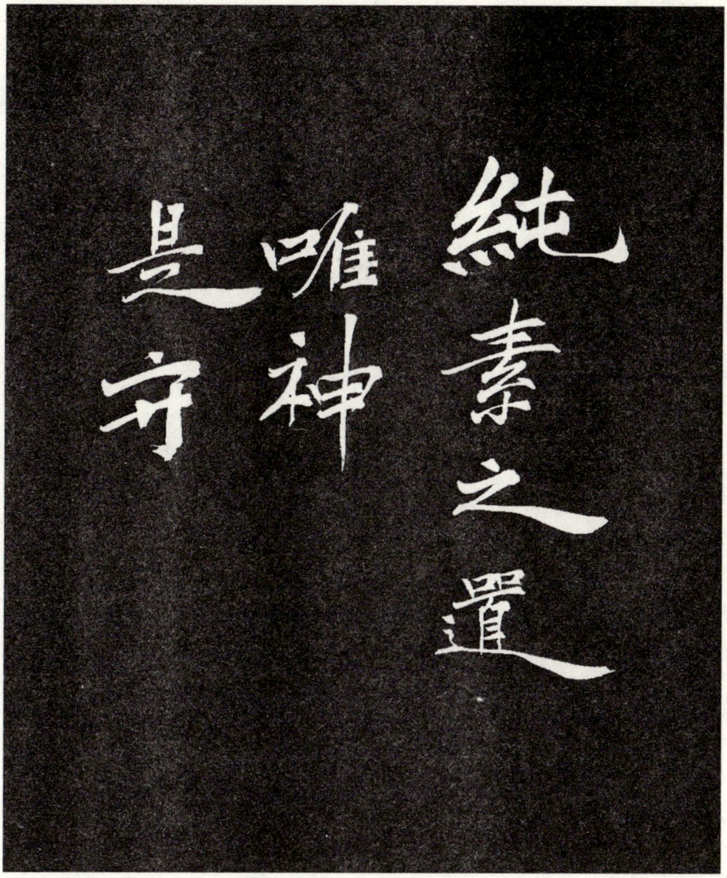

纯素之道，唯神是守。

——《庄子·刻意》

九、凡事亲为才够味

本章讲《庄子》寓言"轮扁斫轮"

大道无法相传，只能每个人亲自摸索。

斫轮有道

桓公读书于堂上，轮扁斫轮于堂下，释椎凿而上，问桓公曰："敢问公之所读者何言邪?"公曰："圣人之言也。"曰："圣人在乎?"公曰："已死矣。"曰："然则君之所读者，古人之糟粕已夫?"桓公曰："寡人读书，轮人安得议乎?有说则可，无说则死!"轮扁曰："臣也以臣之事观之。斫轮，徐则甘而不固，疾则苦而不入，不徐不疾，得之于手而应于心，口不能言，有数存焉于其间。臣不能以喻臣之子，臣之子亦不能受之于臣，是以行年七十而老斫轮。古之人与其不可传也死矣，然则君之所读者，古人之糟粕已夫!"（《庄子·天道》）

庄子说：

齐桓公在堂上读书，轮扁在堂下做车轮。

轮扁问桓公："你读的是什么书?"

齐桓公说："是圣人的书。"

轮扁说："圣人还在吗？"

桓公说："圣人已经死了。"

轮扁说："那么你所读的书，便是古人的糟粕了！"

齐桓公说："制作车轮的人怎么能随便议论本王。若说得出道理还可以，若说不出道理，便处你以死刑。"

轮扁说："我斫削木轮，慢了就松滑而不坚固，快了就涩滞而难以入木，不慢不快，得心应手，口里虽然不能说出，但技巧存在其间，我的儿子也不能从我这里继承这一奥妙的技巧，所以70岁还在斫削车轮。古时候的人和他们不可言传的道理已经死去，国君所读的书，就是古人的糟粕啊。"

齐桓公觉得轮扁说得很有道理。

道理是摸出来的

轮扁是制轮高手，当然也是做事高手。

轮扁与庖丁，可谓双绝。

庖丁解牛，目无全牛。

轮扁制轮，视圆为方。

在轮扁眼中，车轮是方方正正的，有边有角，因此他可以把握得稳，用斧不偏，用锤不废，钉钉入木，使角生紧。

轮扁一日复一日制轮，手感先于心感，手比心更快。这些诀窍，在他已成条件反射，在他人当然茫然不知。

凡事要亲自为之，一切都要有手感。手感，手感，东西没到手怎有真正的感觉？

因此大道无法相传，只能每个人亲自摸索。

轮扁说齐桓公看的书全是古人糟粕，就是这个道理。

轮扁斫轮

斫轮之道在于手熟，手熟自然就心巧。口不能言，钉子能言。

见　独

——《庄子·大宗师》

十、用欣赏的眼光看待存在

本章讲《庄子》寓言“丑鬼哀骀它”

做人透明，心中就光明。

哀骀它丑得有魅力

鲁哀公问于仲尼曰：“卫有恶人焉，曰哀骀它。丈夫与之处者，思而不能去也。妇人见之，请于父母曰‘与人为妻，宁为夫子妾’者，数十而未止也。未尝有闻其唱者也，常和人而已矣。无君人之位以济乎人之死，无聚禄以望人之腹，又以恶骇天下，和而不唱，知不出乎四域，且而雌雄合乎前，是必有异乎人者也。……是何人者也?”

仲尼曰：“……今哀骀它未言而信，无功而亲，使人授己国，唯恐其不受也，是必才全而德不形者也。”

哀公曰：“何谓才全?”

仲尼曰：“……与物为春，是接而生时于心者也。是之谓才全。”

“何谓德不形?”

曰：“平者，水停之盛也，其可以为法也，内保之

而外不荡也。德者，成和之修也，德不形者，物不能离也。”（《庄子·德充符》）

庄子说：

卫国有个面貌丑陋的人叫哀骀它，男人跟他相处，想念他而舍不得离去。女人见到他，即请求父母，说：“与其做别人的妻，不如做哀骀它的妾。”

这样的女人已有几十个了，而且人数还在增加。

从没听说哀骀它倡导什么，只见他附和别人。他没有君王的地位去拯救别人的苦难，也没有钱财去养饱别人的肚子，见识也超不过四邻，男人女人却都亲近他。

鲁哀公召见他，果见他的相貌丑陋得让天下人惊骇。但不出一个月便发现他的过人之处。不足一年便十分信任他，决定将国事委给他。

哀骀它无意答应，也无心推辞，后来他还是离开了鲁哀公。

鲁哀公怅然若失，问孔子：哀骀它是个什么样的人？

孔子说：“哀骀它不说话也能取信于人，为才全之人，日夜不间断地随物保持春天般的生机，和外物产生和谐的感应。”

老子说“上善若水”，是说水无偏私，一路流大。

庄子也说水，以水要放平才能不荡以喻，说人应该保全天性，不可以轻易把天性与人相接。这样，外物才不能将我们的人与天性硬生生分离。

庄子讲的这个故事意在说明：天性完全者，人格必然纯粹，自然就有亲和力。

和气生霸气

哀骀它比庄子讲的另一个丑人支离疏高一筹。

支离疏不过把自己当常人，哀骀它却让人感到亲切。支离疏还与人有距离，哀骀它完全与人打成一片。

一团和气，从而一股霸气。

我们从庄子讲的这个故事中可以总结出哀骀它的三大美德。如果人能做到其中一样就不得了了，哀骀它四德俱全，不是圣人是什么？难怪孔子如此欣赏此人。

与先天和解

哀骀它丑得自然。

哀骀它的丑是天生的，不是后天自我扭曲所致。我们常见一些人丑陋，多半是他表情古怪、五官不洁给人的不佳印象。假如一个人面容整洁，表情自然大方，又怎么会丑？

哀骀它丑得自然，这说明他心中已无障碍。通过后天的努力达到了与先天的和解，修身有成。

做人透明心中就光明

哀骀它丑得大方。

这种大方不是因富有带来的大方，而是因为贫穷带来的大方——都已经这样了，索性通达些。我们常可以发现，你没钱时向穷朋友借钱能借到，向富朋友借不到，就是这个道理。

哀骀它一无所有，因此一无所失。好东西他随手就用，不积存。坏东西他随手就扔，不为之所害。因此他在斤斤计较的人们面前，自然与众不同。大方何谓哉？大方不是把富余的给人，而是把并不富余的给人。

做人豁达，收获乃大。

因为你是流通的，顺畅的，美物就随美德而至，那些好东西，必会归向你。

做人透明，心中就光明。

欣赏存在

哀骀它丑得有理。

他发现自己的存在是有道理的，一切自有安排，而他偏又享尽自由。这种矛盾又实在的现象被他看出，他不得不承认自己活着是上天的恩赐。造物主会向他所造的索要什么呢？不需要。

哀骀它因为活得幸福，心中敬畏那赐给他幸福的老天爷，做人就明白。所谓明白，就是感恩！从此他有充足的理由活着，不怕乱世害人，也不怕盛世扰人。他的心始终清静。

充满魅力的哀骀它

哀骀它是个丑鬼，偏有美妾无数。因为他凡事随和，从不提倡什么，世上的好东西拿过来就用。他眼中的东西不分好坏，眼中的人没差别。人人亲近他，是因为在他那里得到了希望得到的“人”的待遇。

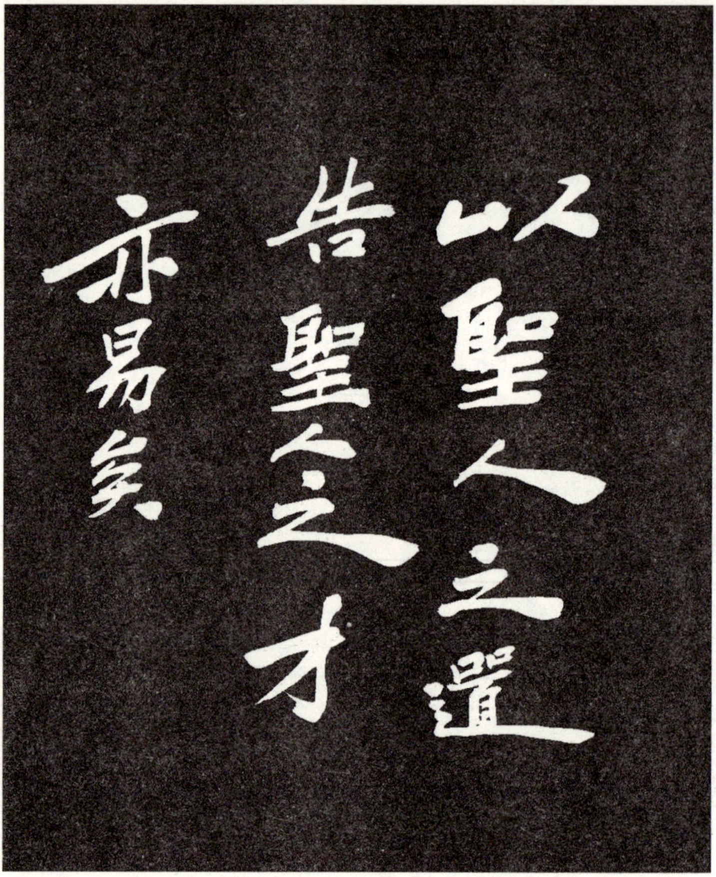

以圣人之道告圣人之才，亦易矣。

——《庄子·大宗师》

十一、相信到底才能到底相信

本章讲《庄子》寓言“老子开示士成绮”

你尽管去相信，乞丐都能让你受益。

士成绮见老子

士成绮见老子而问曰：“吾闻夫子，圣人也。吾固不辞远道而来愿见，百舍重趼而不敢息。今吾观子非圣人也……”

老子漠然不应。

士成绮明日复见……老子曰：“夫巧知神圣之人，吾自以为脱焉。昔者子呼我牛也而谓之牛，呼我马也而谓之马。苟有其实，人与之名而弗受，再受其殃。吾服也恒服，吾非以服有服。”（《庄子·天道》）

庄子说：

士成绮远道而来拜见老子，说：“我旅行百日，脚后跟磨出厚厚的茧，仅为能看见你。见到你才发现你不算圣人。我好不容易从鼠洞里掏出泥土中剩余的食物，你却看轻了并抛弃它，是为不仁；你的粟帛饮食享用不完，然而聚敛仍无限度，此为不义。”

老子冷淡不作回答。

第二天，士成绮再去见老子，说：“昨天我讽刺了你，今天我方才省悟到自己的过错，为什么？”

老子说：“我接受外物常常是顺其自然，你喊我是牛我就叫牛，喊我是马我就叫马。我顺应自然接受，并不是要接受才去接受。”

士成绮很羞愧，问道：“怎样修身？”

老子说：“你自命不凡，眼睛突出，额头高举，口舌夸张，身形巍峨，明察而精审，智巧外露骄恣之态，凡此种种都不可拿来当做人的真实本性。”

骄傲必自闭

庄子讲的这个故事说骄傲乃是修身的大敌。古成绮本来有上进之心，不远千里专门找老子学东西，但见了老子却又怀疑起来。这有点莫名其妙，你要么不去，要么去了就莫怀疑，在你怀疑对方的情况下，不可能学到东西。你尽管去相信，则乞丐都能让你受益，何况智者的智慧如此现成。

老子给士成绮上的第一堂课是漠视他，让他碰钉子。这样做的用意在于先冷一冷这年轻人，让他想想当初自己为什么来。

老子给士成绮上的第二堂课是显示无所谓。圣人都说大白话，爱谈生活。老子说人家把他当牛马，他就是牛马，非常风趣地告诉士成绮不可拘泥于名。这是有所针对的。士成绮当初找老子，原本就是慕名而来。他以为大名之下必见大人，谁知是个糟老头。老子打掉了士成绮好名的心，引导他收放自如。

老子引导士成绮：好名不如好道

士成绮向老子请教修身之道，老子说要“系马而止”，意思是要像马系住缰绳一样，不能随心所欲。人系我又不如自系其心，如此则收放自如。

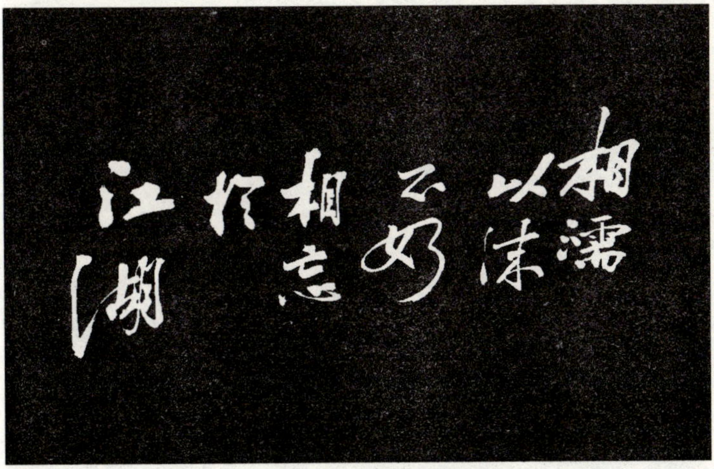

相濡以沫，不如相忘于江湖。

——《庄子·大宗师》

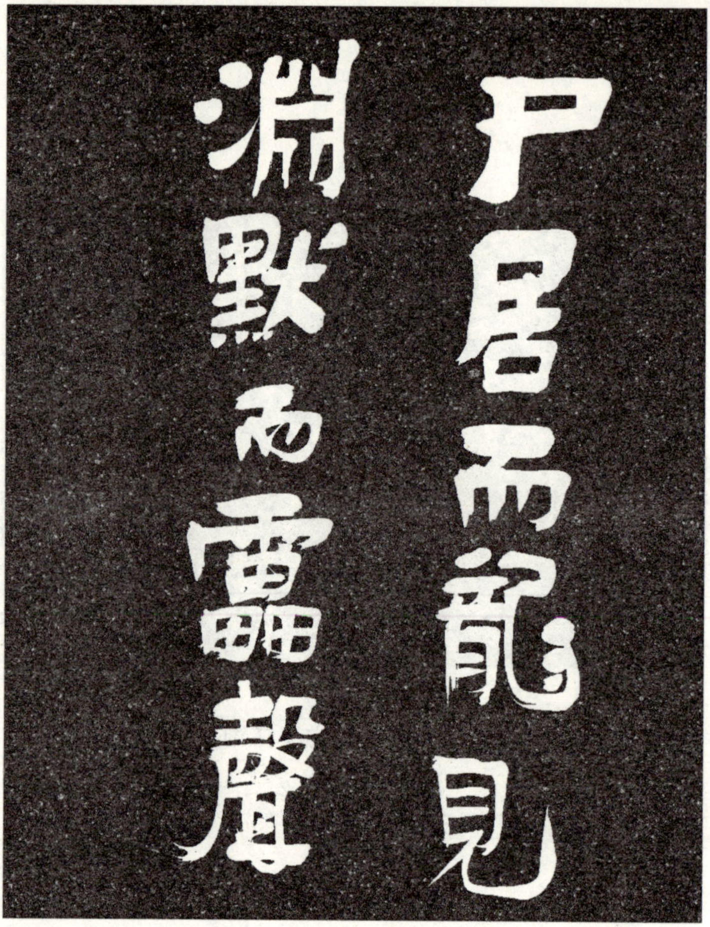

尸居而龙见，渊默而雷声。

——《庄子·在宥》

十二、比什么不重要，拿什么来比才重要

本章讲《庄子》寓言“申徒嘉让子产自愧”

君子忧道不忧食，真人乐道不乐人。

申徒嘉训子产

申徒嘉，兀者也，而与郑子产同师于伯昏无人。子产谓申徒嘉曰：“我先出则子止，子先出则我止。”其明日，又与合堂同席而坐。子产谓申徒嘉曰：“我先出则子止，子先出则我止。今我将出，子可以止乎？其未邪？且子见执政而不违，子齐执政乎？”

申徒嘉曰：“先生之门，固有执政焉如此哉？……自状其过，以不当亡者众；不状其过，以不当存者寡。知不可奈何而安之若命，唯有德者能之。……人以其全足笑吾不全足者众矣，我怫然而怒，而适先生之所，则废然而反。……吾与夫子游十九年矣，而未尝知吾兀者也。今子与我游于形骸之内，而子索我于形骸之外，不亦过乎！”（《庄子·德充符》）

庄子说：

申徒嘉被人砍断了一只脚，与郑子产同拜伯昏无人为师。

子产嫌申徒嘉残疾，对他说："我先出去，那么你停下。你先出去，那么我停下。现在我出去，你怎么不停下？见了我这执掌政务的大官就应当回避。"

申徒嘉说："我跟伯昏无人先生已十九年，从不曾觉得我是断了脚的人。你与我同在伯昏无人门下，应该彼此心灵相通，以德相交，你却还要用外在的形体来要求我，难道不是过错吗？"

子产听了申徒嘉一席话，觉得十分惭愧，立刻改变面容说："你不要再说下去了。"

《庄子》的这个故事讲做人要根据自己的实际情况，调整状态，进入应有的境界。

申徒嘉是残疾，这就是他的实际情况。申徒嘉境界高于子产，因为子产做人还高高在上，没摆正自己的位置。

申徒嘉对自己不忌讳，因此做人勇猛精进。他甩掉了思想包袱，心里就爽，看事情就明白。

申徒嘉一开始知道自己不行，必须求教于人，求助于人，所以他来拜伯昏无人为师。进入师门后他与众人无异，都沉醉在修行中。

这时子产闯进来，作为刚入道门者，子产眼中还有差别，还不能达到"齐一"境界，当然应该被训。

重做赤子

子产是当时的大富人，又是贤人，但就是因为他太贤了，以至看不起人。他与申徒嘉本是师兄弟，但语言行为中如此践踏同门，显然过分。

申徒嘉针锋相对，毫不示弱，这也是正确的。申徒嘉做人的风格很像孟子。

孟子不怕梁惠王，申徒嘉不怕郑子产。

子产在申徒嘉面前有种优越感，他以为自己高人一等。申徒嘉鄙视他。

人因富而自恋，实属丑态。

人因贫而自洁，乃是做人的大境界。

富者蓄财，以为自己极大，殊不知钱随风走，世上并无永远的富人。

贫者除了自身以外，别无长物。这样好，人若不能赤贫，则不能重做赤子。

“赤贫”，指人回到赤裸裸的婴儿状态，一无所有，但也可以说应有尽有。老子说：“复归于婴儿”，就是这个意思。

智慧是最大的财富

贫者自知其贫，更知其富，是真正的富人。

富者只知其富，不知其贫，其实是穷人。若有富者知贫且知富，则富可敌国。

但即使如此，那些东西在有智慧的人眼中还是渺小的。

要求真。

你给女朋友买一根项链，不如带她去看星空。天上群星闪烁，这是一根真正的项链把你们连在一起。

一切现成。

说什么贫穷，天上的鸟儿不会耕种也有收获，地上的流水永远饮用不尽。放低标准，你就是富翁。你把人生目标定得那么高，把自己当上帝了，但你绝不是上帝。

饥饿是最好的美食

我问庄子：为何说饥饿是最好的美食？

庄子说：主要是饥饿时人知道饮食的美好，而人在饱足时会践踏一切。古时帝王有后妃三千，不如山村农家夫妻之美。

我说：只恐山村农家之妻，却想做皇帝的妃子。而一旦有一天真的那样，那个农民只能在皇帝面前三呼万岁。

庄子说：不会的，真正的农民自傲之极，笑看红尘，我自耕黄土。

我说：但农民毕竟斗不过皇帝。

庄子说：说什么斗，各过各的呗。世上只有一时的皇帝，谁见真的千秋万世做下去？而你永远把自己当农民，就会明白这黄土的意义。

申徒嘉对子产说：今我游于形骸之内

子产本来鄙视申徒嘉是残疾，反被申徒嘉教训。申徒嘉已达到游于形骸之内的境界，子产却用他的形骸来取笑他，显然还没入大道之门。

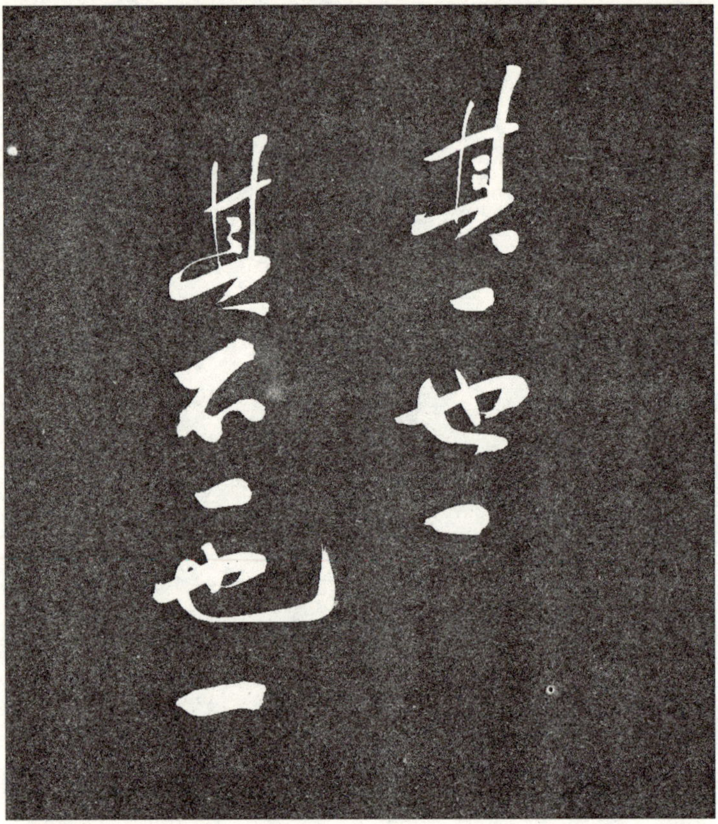

其一也一，其不一也一。

——《庄子·大宗师》

十三、狂而有度是真狂

本章讲《庄子》寓言“楚狂与孔子”

圣人与狂人，都是人生境界。

楚狂戏孔子

孔子适楚，楚狂接舆游其门曰：“凤兮凤兮，何如德之衰也！来世不可待，往世不可追也。天下有道，圣人成焉；天下无道，圣人生焉！方今之时，仅免刑焉！福轻乎羽，莫之知载；祸重乎地，莫之知避。已乎，已乎！临人以德。殆乎，殆乎！画地而趋。迷阳迷阳，无伤吾行。吾行郤曲，无伤吾足。”（《庄子·人间世》）

庄子说：

孔子去楚国，楚国狂人接舆有意来到孔子门前，唱道：“凤鸟啊凤鸟（比喻孔子），你的德性怎么衰败了？如今天下混乱，国君昏暗，圣人只求免遭刑辱，幸福轻于羽毛，不知如何取得，祸言重于大地，不知如何回避。何必在人面前以德炫耀自己？危险啊！人为地划出一条道路让人去遵循。荆棘啊，不要妨碍我的行路，不要刺伤了我的双脚。”

孔子对此一言不发。

庄子在书中老是拿孔子戏谑，不过楚狂戏孔子这回事倒非虚构，因为在《论语》中也有相同记载，楚狂唱的《凤歌》两本书也略同，只不过《庄子》所载要长些。

庄子讲的这个故事意在否定孔子周游列国的行为。

你说你传道，这是假的，大道本已流行天下，不需要任何人去传。

你说你是行仁义，更是痴人说梦，如果一样东西要苦苦去行、去追求，正说明你还没把它弄到手。

剩下只有一条解释了，那就是孔子周游列国是为了求官求富贵。这样反倒可以理解、沟通。

有的人一生都做假作秀，险些把自己都瞒过去了。做假技术越高，越不能动真的。

永远的楚狂，永远的孔子

太白名篇《庐山谣寄卢侍御虚舟》云：“我本楚狂人，凤歌笑孔丘。手持绿玉杖，朝别黄鹤楼。”这几句诗就是源于庄子说的这个故事。小时候我读起李白这首诗，对这个楚狂向往又崇拜，奇怪的是，我在喜欢楚狂的同时，也喜欢上了孔子，这又是为何？

永远的楚狂。

永远的孔子。

非孔子不能彰显楚狂。

非楚狂不能成就孔子。

我问庄子：楚狂为何生于楚？

庄子微笑：唯楚有材，于斯为盛。楚女楚楚动人，楚士做事向来清楚。楚士者，处士也，楚狂之谓。

我说：我也可以说“唯蜀有材，于斯为盛”，蜀女成熟娇媚，蜀士却未能免俗。蜀士者，俗士也，我之谓也。

庄子微笑。

我说：楚狂生于楚，死于楚。孔子周游列国，南下流浪，在楚国先遇贤人叶公，再遇狂人接舆，这一贤一狂，相得益彰。请问，他的心为何发狂？

庄子说：他也不知道那是狂，他只知道那是真。那天他正在街上遛弯，远远听见人说：“圣人！圣人！圣人来了！”吼得那么凶，好像是老虎来了，倒把他吓了一大跳。他赶紧趿着拖鞋过去，哦哟，果然好大一个圣人哟，呆呆地坐在那里，旁边还跟着几个大大小小的圣人。他早就听说孔子的事，马上就知道是怎么回事了，心里不由得一阵好笑，不知不觉就唱起歌来，意思是要耍这圣人。要是这圣人当得起耍弄，就是真正的圣人，要是当不起，显然就是假的。所幸他遇到了一个真正的圣人。孔子的学生们听见老师被歌声戏弄，都气得不得了，子路子贡联手上前，想要揍这疯子。孔子却制止住了他们，竟好像当初在齐国闻韶的样子，陶醉了，知道此人是献歌给他，为他解闷解惑，为他好。孔子感激上前，要与楚狂交朋友。楚狂刚唱完，看见孔子从凳子上坐起来，“嗯”的一下，一个山东大汉巍巍耸立，楚狂是个南方人小个子，吓得他撒腿就跑。孔子追过去，一边追一边喊：“来来来，我们做朋友好吗？”楚狂越见跑远了。

狂而有度是真狂

狂是人的天性。

我的侄女3岁的时候，有一天我与她疯，小家伙越疯越狂，最后笑得喘不过气来，我奶奶强行制止了我们，才慢慢恢复正常。至于我现在的小孩嘛，小小婴儿每天都狂性大发，我脸上常是伤痕累累。

人不狂不能长大，长大了依然要狂才够味，才够好。

狂狂狂，我是我之王。

“我是我之王”，意思是说要当自己的王，你当不了别人的王。

狂必须有度。

狂而无度，必遭重击。

遥想楚狂凤歌于孔子之前，何等潇洒。

人生贵在一个“狂”字，倒不在于狂而有度。

究其实质，狂即是有度的结果。“有度”，指自己内心衡量数遍，终于决定是到发狂的时候了。不发狂，毋宁死。

一狂可免一死。

吾人焉得不狂？

狂是真。

狂是本能。

狂是冲动。

狂是盲目的冲动。

人，理性的力量小，盲目的力量大。

如你能真狂，就能真正做一回人。

楚 狂

楚狂唱着凤歌到孔子跟前，戏弄这个圣人。做圣人太虚假，反不如做狂人可以享受人生的种种荒谬。

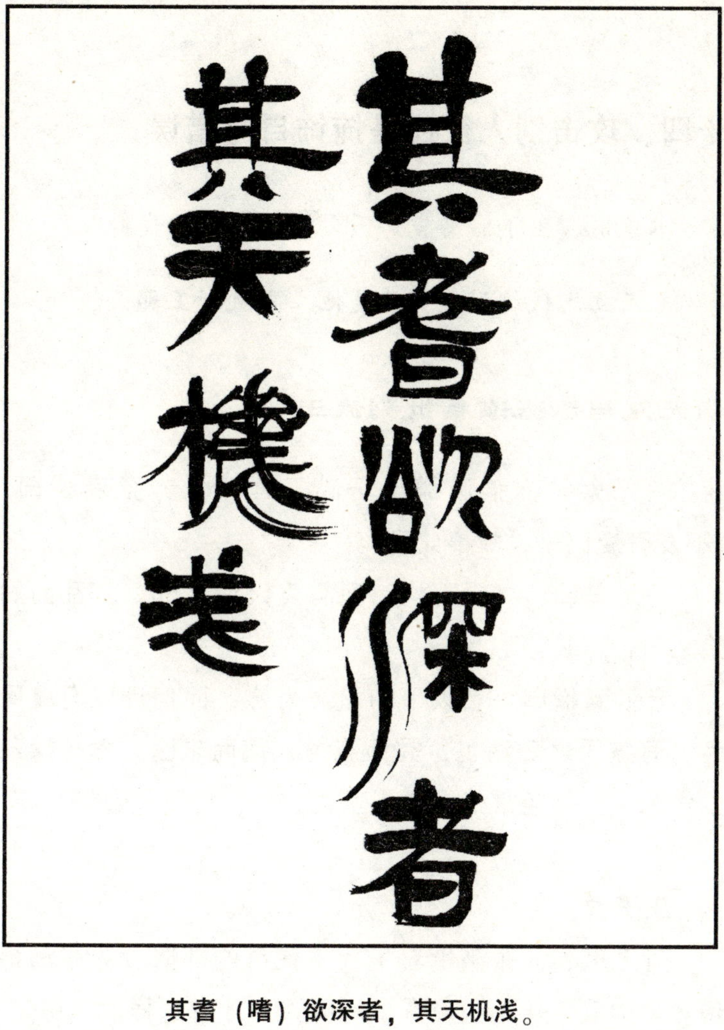

其耆（嗜）欲深者，其天机浅。

——《庄子·大宗师》

十四、攻击别人往往是掩饰自身错误

本章讲《庄子》寓言“门无鬼批判武王伐纣”

武王立志伐纣那天，就是他立志做纣王那天。

门无鬼与赤张满稽批判武王

门无鬼与赤张满稽观于武王之师，赤张满稽曰：“不及有虞氏乎，故离此患也!”

门无鬼曰：“天下均治而有虞氏治之邪？其乱而后治之与?”

赤张满稽曰：“天下均治之为愿，而何计以有虞氏为？有虞氏之药疡也，秃而施髢，病而求医。孝子操药以修慈父，其色燋然，圣人羞之。”（《庄子·天地》）

庄子说：

门无鬼和赤张满稽看了武王伐纣的部队，赤张满稽说：“周武王比不上虞舜，所以天下才有这样的祸患。”

门无鬼说：“天下是太平的虞舜才去治理呢？还是天下动乱才去治理呢?”

赤张满稽说：“天下太平是百姓的心愿，何需虞舜为国君？虞舜给人治疗头疮，秃了头才装假发，如同有了病才去求医。现在武王反而把没病的人医死了，把好头发的人治成了秃头。”

勿以暴易暴

庄子借门无鬼与赤张满稽二人之口，猛烈抨击周武王以暴易暴的行为。人人说武王是圣贤，庄子偏指出武王为畜生，话虽偏激，还是有道理的。

以暴易暴是人类最大的不幸。

武王立志伐纣那天，就是他立志做纣王那天。

在他，当然不承认。

在人，人人看得出。

门无鬼与赤张满稽

他们看见武王驾车而过，就像纣王当年。武王伐纣，以大暴易小暴，又有什么功？武王说他为天下人，谁看见过“天下人”是什么样子？有的只是一个一个的人。

凡事说得极大，必是骗局。

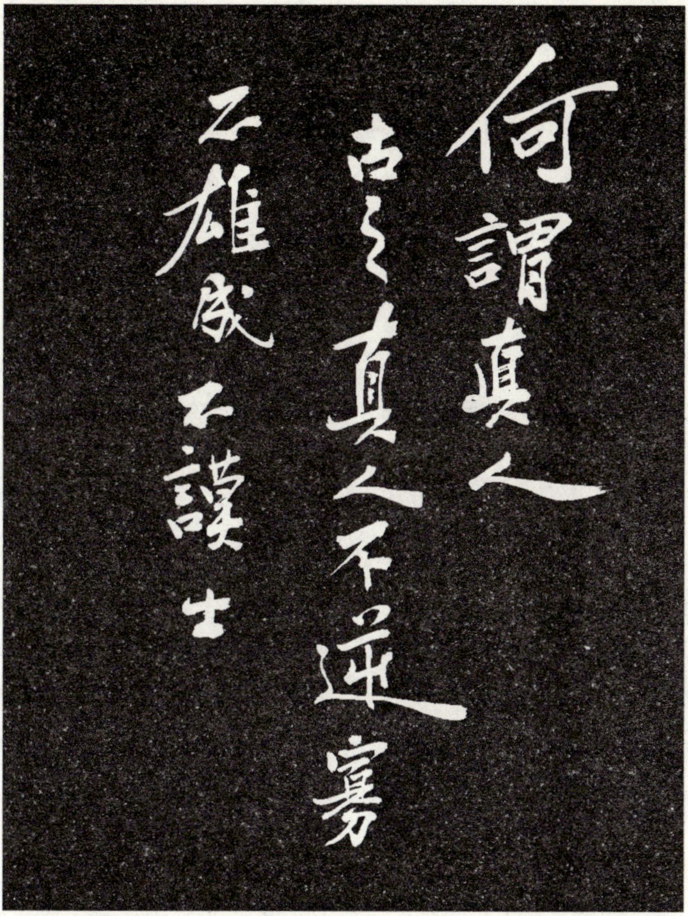

何谓真人？古之真人不逆寡，不雄成，不谟士。

——《庄子·大宗师》

十五、缺陷往往包含专长

本章讲《庄子》寓言“支离疏生存之道”

凡事都互补，凡物都转化。

支离疏生存有道

支离疏者，颐隐于齐，肩高于顶，会撮指天，五管在上，两髀为胁。挫针治繲，足以餬口；鼓荚播精，足以食十人。上征武士，则支离攘臂于其间。上有大役，则支离以有常疾不受功。上与病者粟，则受三钟与十束薪。夫支离其形者，犹足以养其身，终其天年，又况支离其德者乎！”（《庄子·人间世》）

庄子说：

有个人名叫支离疏，长得奇形怪状，下巴隐藏在肚脐里，双肩高过头顶，颈后的发髻朝天，五脏的血管出口都向上，两条大腿和胸旁肋骨并生在一起。

他为人缝衣浆洗，足够度日，又为人簸米筛糠，足够养活10口人。

国君征兵时，支离疏捋袖扬臂在征兵人面前摇摆而游，也没人睬他。每回支离疏总因身残而免除劳役。国君向残疾人赈济米粟时，支离疏还领得3钟米和10捆柴禾，像他这样的人形体残缺，却能养身，享尽天寿。

庄子讲的这个故事不是说人会因祸得福，而是说会因祸得祸，因福得福，世上的事全是伴生，好事一连串，坏事也一连串，全这样!

因此开头很重要。支离疏之所以开头开得好，是因为他天生残疾。他已无条件接受造物主的任何创造，因此上帝嘉奖他，因他是一个在自然面前顺服的人。

人得福，有时并不一定是自己有什么美德，而是有一颗顺服自然的心。

要做常人

支离疏比庄子说的另一残疾人王骀境界更高。

王骀还被人称为圣人。

支离疏只被人视为常人。

“称为圣人”，就要被勒索，就要忍受被人追随之苦，更要忍受被人崇拜之苦。

“视为常人”，则一切轻松，不会惊动一大片，而我得自在。

不要做圣人，不要做圣人。偏要做常人才是圣人境界。

我事戏我心

世上的事很怪，你一心想做某件事，一直办不到，等你不想做了的时候，反而成了。

我把这叫做“我事戏我心”，意思是我做的事情在戏弄我的心，好像一个家伙在洋洋得意地指着他的主人说：瞧，又搞事了！但话虽如此，他还得听他主人的。

因此，一个人只要有足够的耐心，事情必会成。关键不在于做事的能力与技巧，而在于耐心。

然而更大的戏弄也在于：你千辛万苦做成一件事，往往味如嚼蜡。如果你不怕成功而无滋味，那你尽管做去！

同聚原理

还有的事很怪，你一心想成为某种人，一旦成了，就不能把自己当这种人。

导师不能把自己当导师，圣人不能把自己当圣人，才能做好自己的角色。

支离疏不把自己当圣人，只把自己当常人，因此才敢大摇大摆的。我把这叫做“反着做人”。虽说是反着，却是正道。

还有的事更怪，你发现没有，大凡一件好事来了，其他的好事也跟着来。一件坏事来了，其他的坏事也跟着来。

我把这叫做“同聚原理”，指世上的事情相邀相约，一有机会就一哄而上。明白了这个，你在好事坏事面前都能对付，不至于乱了阵脚。

人不但要战胜坏事，更要战胜好事。

好事让人忘乎所以，危害甚大，因此我们不可以一心想着好事，实际上却是坏事给我们的益处较大。当然我们不会傻到盼望坏事，好事坏事，统统都应看淡之!

做“人”而不做“事”

人毁于事，而成于人。

严格地说，我们要做“人”，不能做“事”，所有的事都是为人作嫁，再好的事也不会停留。

我们做人成功靠的是坚守固有之道，发扬一颗本心。所谓固有之道，就是本来就好，而非因你而好。如果你想真的好，就要回到最初的状态。

雾中行走，越走越远。

雾里看花，目迷五色。

你不如退回去，重见旧日光明胜似赶赴未来黑暗。雾中前进，恐有深渊。你退你让，才是平原。

支离疏

支离疏由于是残疾，他可以不当兵，还能享受国家福利。同时，支离疏热爱劳动，自得其乐，生活极滋润。支离疏长得矮，却是高人。他顺应自然，就大大地得福。

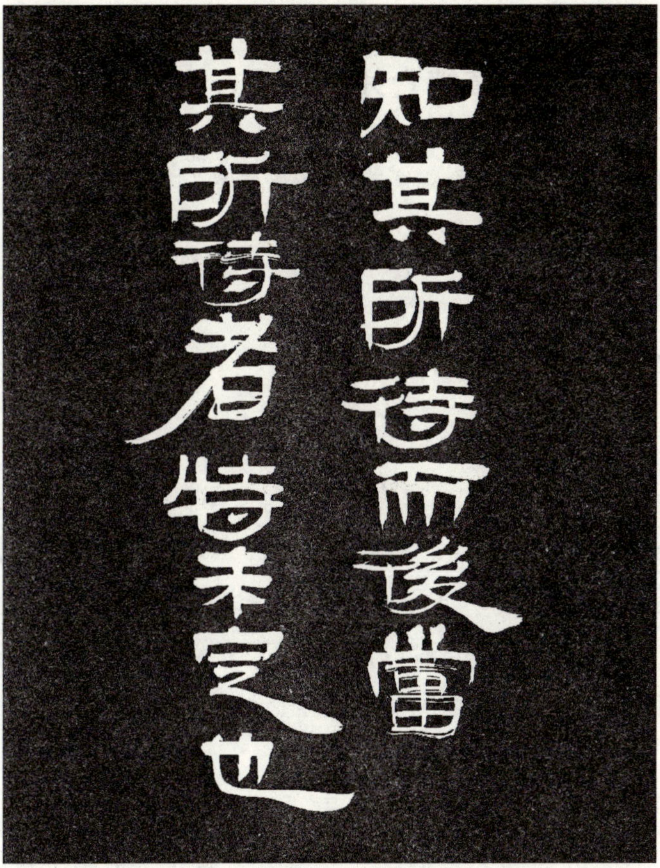

知其所待而后当，其所待者特未定也。

——《庄子·大宗师》

十六、让万事销亡才能让人存在

本章讲《庄子》寓言“混冥境界”

虎狼都是安静的，猎人要比虎狼更安静。

圣人、德人与神人

谆芒将东之大壑，适遇苑风于东海之滨。苑风曰：“子将奚之？”曰：“将之大壑。”曰：“奚为焉？”曰：“夫大壑之为物也，注焉而不满，酌焉而不竭，吾将游焉。”苑风曰：“夫子无意于横目之民乎？愿闻圣治。”

谆芒曰：“圣治也，官施而不失其宜，拔举而不失其能，……四方之民莫不俱至，此之谓圣治。”

“愿闻德人。”

曰：“德人者居，无思，行无虑，不藏是非美恶。四海之内共利之之谓说，共给之之为安。怊超乎若婴儿之失其母也，傥乎若行而失其道也，财用有馀而不知其所自来，饮食取足而不知其所从，此谓德人之容。”

“愿闻神人。”

曰：“上神乘光，与形灭亡，此谓照旷。致命尽情，天地乐而万事销亡，万物复情，此之谓混冥。”（《庄

子·天地》)

庄子说：

谆芒向东游，到海边遇上苑风。

苑风问："去哪里？"

谆芒说："去大海。"

苑风说："为何要去大海？"

谆芒说："大海被百川注入而不溢，又被人们不停舀取而不竭，境界很高，所以我想去游历。"

苑风说："那你不去关心百姓吗？我希望听到圣人统驭天下的情况。"

谆芒说："圣人统驭天下，使人人都能看清事情真相而去做自己该做的事，行为和说话人人都能自觉训化。此为圣治。"

"请说德人。"

谆芒说："安居无思索，行动无谋略，思想无美丑，得财物而不知从何来，饮食充足而不知从何出，财物共享，利益共得。"

"请说神人。"

谆芒说："乘驾光辉，不见形迹，一切由着性情，与天地共乐而不为万事所累。"

万事销亡

庄子讲的这三种境界层层上升，最后回归到虚无

(即混冥)，讲人的最高境界确实是清静无为。

清，指做人清爽，不污浊，不腐朽，视自己如活水涌流，而非一潭死水。

静，指做事不慌。所谓“不慌不忙，才好当王”即此。虎狼都是安静的，猎人要比虎狼更安静，才能在静与动相克相生的游戏中占上风制敌。

圣人使人亲近，德人使人受惠，神人则是孤家寡人，不管别人也不管自己，让“万事销亡”，我来享受清静。

老子说“清静以为天下正”，庄子说“水静犹明，何况精神”即此。

水如果不静，就会浑浊。

人如果不静，就会烦躁。

庄子在《庄子》一书中借孔子的口说：“人莫鉴于流水，而鉴于止水。”就是这个意思。

流水若碎镜，岂能鉴之？

止水之明，始可为镜。

谆 芒

谆芒垂钓于江海之上，就以此心为大壑（深渊），自家人生，取用不尽！苑风问他为什么不关心他人？谆芒说他要让“万事销亡”。

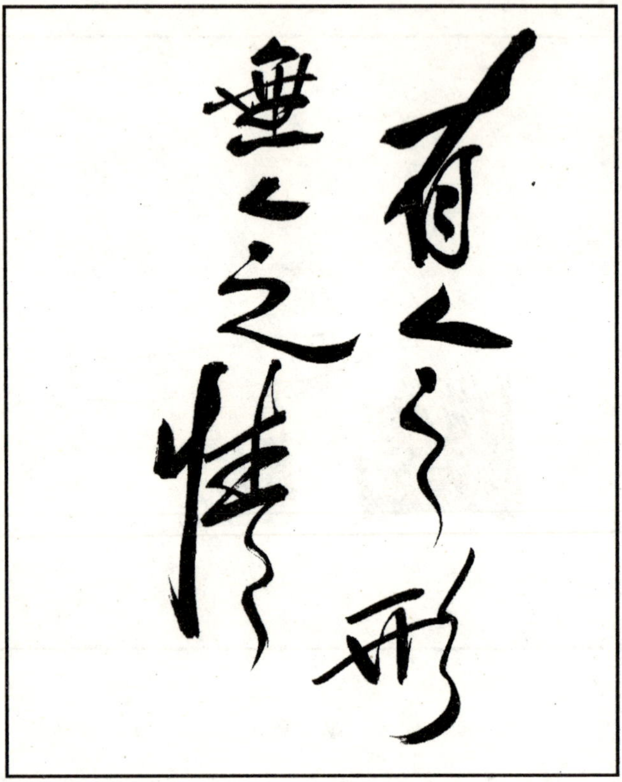

有人之形，无人之情。

——《庄子·德充符》

十七、不怕人拜也不怕人害

本章讲《庄子》寓言“木匠与大树”

像大树一样无知无觉，像大树一样其势参天。

木匠与树

匠石之齐，至乎曲辕，见栎社树。其大蔽数千牛，絜之百围，其高临山，十仞而后有枝，其可以为舟者旁十数。观者如市，匠石不顾，遂行不辍。弟子厌观之，走及匠石，曰：“自吾执斧斤以随夫子，未尝见材如此其美也。先生不肯视，行不辍，何邪？”曰：“已矣，勿言之矣！散木也，……无所用，故能若是之寿。”

匠石归，栎社见梦曰：“女将恶乎比予哉？若将比予于文木邪？此以其能苦其生者也，故不终其天年而中道夭，自掊击于世俗者也。物莫不若是。且予求无所可用久矣！几死，乃今得之，为予大用。使予也而有用，且得有此大也邪？且也若与予也皆物也，奈何哉其相物也？而几死之散人，又恶知散木？”

匠石觉而诊其梦。弟子曰：“趣取无用，则为社何邪？”曰：“密！若无言，彼亦直寄焉，以为不知己者诟

厉也。不为社者，且几有剪乎？且也彼其所保与众异，而以义誉之，不亦远乎！”（《庄子·人间世》）

庄子说：

一个叫匠石的木匠带着徒弟去齐国，在曲辕这个地方看见一棵被人用来祭祀的社树（神树），这棵神树大得可供几千头牛遮阴，观赏的人像赶集似的涌来涌去。

匠石去了看也不看一眼，直往前走。

徒弟问：“我从未见过这么大的树，先生为何不肯看一眼？”

匠石说：“这是一棵无用的散木，是不能取材的树，所以才这么长寿。”

匠石回家，梦见那棵神树对他说：“有用的木头都因为才能的显露而害苦了自己一生，不能享受天年，我的无用恰是我的大用。”

匠石醒后把梦中情况告诉了徒弟，徒弟说：“它既求无用，又何必做社树让人观赏呢？”

匠石说：“它寄托于社（祭祀），可免遭砍伐，以此来保护自己，与众不同。哪里像你理解的那样。”

小木匠的话

庄子讲的这个故事有三个人物：神树、匠石、徒弟。下面我不妨也用庄子笔法，借这三个人之口，看能不能说出点道理来。等这三个人都说了，我再与庄子进行讨论。

徒弟说：

这些年我跟着师父到过很多地方，师父空着手，我背着一个大背篼，里面装满斧子、锤子、墨斗、刨子等等干活的工具。

我跟着师父一路走，见过笔直的大松树，师父把它砍来做房梁。也见过弯不溜秋的大桑树，师父把它砍来大的作车轮，小的作弯弓，正合适。但我从没见过这样高大又古怪的神树。说它高大，果然高大。说它古怪，是说它身上疙疙瘩瘩，难看死了。国王不是要造一座高入云端的宫殿吗？师父为什么看都不看它一眼？也许加工加工，它正适用。

我问师父，师父说它是一棵散木，大而无用。啊，我知道了，其实师父是不乐意国王让他找一棵高到可以作宫殿屋梁的树。师父不喜欢国王，但谁叫他是个有名的木匠呢？如果是我，就叫上一百个人把这棵树砍倒。但谁叫他是我的师父呢？既然师父不让砍，那我就不砍呗。

今天早上我去见师父，师父说他昨晚做了一个梦，说他梦见了这棵神树，神树对他说："我因无用而享受天年。"嘿，又是一个撒谎的家伙。它说它无用，我看它用处大得很，那么多人拜它。这些道理我全明白，但我没必要在师父面前表现太聪明。

老木匠的话

匠石说：

唉，我老了。

天降神木，慰我今生。

想不到就在我要死的时候，还能看见这么好的一棵神树，这是上帝对我的赐福啊。那天我和我的小徒弟远远地过来，我以为前面是一朵云，但它又不飘走。我以为是一座山，又太突兀。我以为是一把剑，但谁能使用这么大的一把剑呢？它的剑柄深埋在土里。我走近一看，原来是一棵大树，我一生梦寐以求的大树。

作为木匠，我没别的爱好，就喜欢好木料。看见好木料我远远地就能闻到它身上的清香，幽香。树木本身比它开的花更香更醇。至于它身上的纹理，只有日光下的水能与它媲美。云烟的花纹太虚，没它清楚。虎皮身上的花纹太粗，没它细腻。我深爱这木纹，就像深爱我曲折蜿蜒而又坚韧前进的一生。每次我躺在地板上睡觉，或是吃饭俯身看饭桌，总有种掉泪的感觉——谁知道在一棵树粗糙的树皮下，有一颗如此明净光滑的心！

看到这棵神木，我决定从此停止砍伐。就让它永远自由生长吧，我没有必要砍下它、剥开它、制造它、加工它，它本身就是一根活的擎天柱。

我的徒弟问我为什么不看它一眼？我说我的心里全是它，闭眼都能看见。但我不敢正视它，我唯有羞愧。

它是完全的，纯粹的，自然的，而我的一生自我砍伐，如今已是千疮百孔。唯有先行腐朽，才能生长出一棵新的小树。

夜半我呻吟的时候，它来了。它告诉我之所以它能保全自己，恰恰是因为无用。而我呢，就是因为太有用了，以至不可收拾。我的名气太大，到处有人请我砍树、做家具、修房造屋，还有人请我去做弓箭矛戟，唉！

作为木匠，我应该埋葬自己的斧，让它重新发芽。

大树的话

神树说：

我不是造物主宠爱的，相反，我是被人抛弃的废物。就像那块石头无缘补天，我也无缘为大地增加什么风景。我一生下来就难看死了，全身疙疙瘩瘩，我现在还是疙疙瘩瘩。不要问我多少岁了，我只记得我刚发芽的那一年，遇见了一场大火。因我的心包裹在丑陋而结实的树皮里，我竟躲过了这一劫。

又过了多少年，冰川时代来临了。又因为我的丑陋与结实，我自己给自己取暖，又活下来了。然后又是洪水来临，这时我的根已经与岩石生在一起，我的干已经紧靠一座山，洪水冲不倒我，海啸吹不走我，我活下来了。

千千万万沧海桑田，万万千千无因无缘。我总是赶不上好时候。我总是错过。我一生都在错过。有时下雨，明明到我跟前，但就是浇不到我身上。我看着眼前青山绿水，百花盛开，我自憔悴，以泪自浇。后来山崩地裂的时代又来临，我身边的大山倒崩，一头滑进海里，大路被水淹没，花花草草瞬时无踪。我惊讶得不得了，四处看天看地，到处空无一物，偌大一个乾坤就只有我一个人。

我好寂寞啊，在寂寞中我疯狂成长，我希望高起来，大起来，我要让自己身上长虫长草，我要自己制造一个生物繁多的世界。果然，我的身上慢慢长满虫子，那些虫子日日夜夜啃噬我的心，我的生命日益空虚，但我竟也凭借这被啃噬的痛感度过了漫漫长夜。没这折磨，也许我早就死去？

后来我也麻木了，虫咬我也不疼，火烧我也不痒，我不知道我是一棵树还是一块石头，反正就那么无知无觉生长着。我眼前曾有大片大片的森林，那些兄弟们都因为长得太好被人砍走了。只有我，又大又难看，因此没人要。

我最大的麻烦在于我不会衰老，我真害怕我就这么一直长下去，我渴望有人把我砍倒，重新做一回别的什么。

啊，我渴望的那个人终于来到，但他为何见了我就远远地抛开了他锋利的巨斧？

不怕人拜，也不怕人害

我问庄子：那些人为什么要拜一棵树？

庄子说：那些人用烟熏火燎的方式拜一棵树，明处是希望它活，实际上是希望它死。

我问：它何以不死？

庄子说：白天热气蒸腾而上，它全数吸收，这些水蒸气夜晚化作一场霖雨，施洒人间。

我问：它为何如此伟大？

庄子说：它不是伟大，是没办法。最高境界的人就像这棵神木，不怕人拜，也不怕人害。

匠石梦神木

匠石是个木匠，以砍伐为生。但是他在最好最大的神木面前，感到羞愧了，决定从此不再砍伐，让斧头去发芽。

德不形者，物不能离也。

——《庄子·德充符》

十八、做人不要处处有心机

本章讲《庄子》寓言“灌园老人之道”

捷径让人早死。

子贡挨训

子贡南游于楚，反于晋，过汉阴，见一丈人方将为圃畦，凿隧而入井，抱瓮而出灌，搰搰然用力甚多，而见功寡。子贡曰：“有械于此，一日浸百畦，用力甚寡而见功多，夫子不欲乎?”

……

为圃者忿然作色而笑曰：“吾闻之吾师，有机械者必有机事，有机事者必有机心。机心存于胸中，则纯白不备；纯白不备，则神生不定；神生不定者，道之所不载也。吾非不知，羞而不为也。”（《庄子·天地》）

庄子说：

子贡南游楚国，经过汉水看见一个老人取水浇地，用力多而见效少。

子贡说：“你何不用机械，一天可以灌溉一百亩菜畦，用力少而见效多？”

老人一下子火了，随即讥笑说：“有了机械必出现机巧之类的事，有机巧之类的事必出现机变之类的心思，有机变的心思便不能保全纯洁空明，不能定心神，心神不定便不能成道。我并非不知如何取巧，只是感到羞辱而不愿去做罢了。”

子贡满面羞愧，低声不作答，回去告诉孔子。孔子说：“他们是修习混沌的道术中人，善于自我修养，调理精神，却不善于治理外部世界，这样的人你怎么不感到惊讶呢？”

机心即欺心

庄子讲的这个故事是借灌园老人教训子贡一事，告诫天下人不要起心机。

心机即欺心。

人欺人不可怕，自欺可怕。人一自欺就自迷心窍。

欺心之起，在于爱占便宜，想走捷径。世上确实有捷径，它一条直道就把你送上路了。

捷径让人早死早败。

机心让人心中如转轮，日夜煎熬。如不加油，轮子就卡在心头。

如果加油，心中就随时如奔跑、崩溃。《红楼梦》上说王熙凤：“机关算尽太聪明，反害了卿卿性命。”即此。

灌园老人

灌园老人老实巴交，用瓢舀水浇菜。子贡问他为何不用机械？答曰：用机械必起机心。

人有机心，便为机器，永远不能停止与人勾心斗角。

刖者之屦，无为爱之。

——《庄子·德充符》

十九、好事情要“顺带完成”

本章讲《庄子》寓言“蘧伯玉的绝学”

越重要的事越要轻轻放下，举重若轻。

勿螳臂当车

颜阖将傅卫灵公大子，而问于蘧伯玉曰：“有人于此，其德天杀。与之为无方，则危吾国；与之为有方，则危吾身。其知适足以知人之过，而不知其所以过。若然者，吾奈之何?”

蘧伯玉曰：“……汝不知夫螳螂乎?怒其臂以当车辙，不知其不胜任也，是其才之美者也。戒之，慎之!……汝不知夫养虎者乎?不敢以生物与之，为其杀之之怒也；不敢以全物与之，为其决之之怒也。时其饥饱，达其怒心。虎之与人异类，而媚养己者，顺也。故其杀者，逆也。”（《庄子·人间世》）

庄子说：

卫灵公请颜阖去做太子的老师。

卫太子天性残酷，如果任其自然就会危害国家，如果强以法度约束他，就会危及自身。

颜阖不知怎么办，他知道卫太子的智慧足以了解别人的过失，但却不知道自己的错误，颜阖便去请教卫国贤大夫蘧伯玉。

蘧伯玉说：“螳臂挡车，自不量力，是因为把自己的才能看得过高的缘故，那是危险的。养狮子的不敢用活物去喂养，怕会激起狮子凶残的本性。训人也一样，只能顺着他的性子，诱导之心不能显露，慢慢规正以致他没有过错。”

庄子讲的这个故事旨在说明训人之道。训人即驯人，驯人与驯兽相同。

驯有驯之道，要柔不能暴，要慢慢来不能希望一下子就收服。

驯人之先是驯己。按捺心魔，我就是神仙。

自驯之道亦即驯人之道，懂得控制自己就懂得控制别人。

进退有度

蘧伯玉是当时著名的高人，《论语》记载，孔子曾热烈赞美蘧伯玉的美德。——“子曰：‘君子哉蘧伯玉，邦有道则仕，邦无道则可卷而怀之’。”意思是：君子啊蘧伯玉，国家有道就出来做官，国家无道就归隐，心里依然想着国家。

在蘧伯玉身上我们看到了进退有度，而不是死缠烂打。

死缠烂打是死脑筋，只会坏事。假使颜阖只知道一个劲教训卫太子怎么做人，那卫太子还不把他撕了？死缠烂打纯属找死。

进退有度，于己是福，于人不怒。

事情要“顺带完成”

先说“进退有度，于己是福。”

知道进退就知道死活。一般来说进是死，退是活。有进有退，则全盘都活了。一味猛进，不知收缩，轻则断手，重则亡身。

知道进退的人当然有福，因为他已看出事情虽因进步而成，做人成功则全是退让的结果。

我们试着来讨论做事之道。

今天上午我想明白了一个道理，那就是：

最重要的事情要顺带做成，绝不能主要去做。主要去做、投全部精力去做，反而不成。

以颜阖教卫太子为例，颜阖虽是太子的老师，但不能把教太子太当回事，他应该少管太子，多管自个儿，但又处处挂到太子，这样他做的一切事都与太子有关联，一举一动影响太子至深。他再于恰当时候点拨太子做人做事做学问，事半功倍，“顺带”就完成了老师的使命。如果他一天到晚盯着太子教，太子就会烦他。

半熟最好

进退之度，在于半熟。

等条件完全成熟再做事，一做事情就老了。

没等条件完全成熟就上，刚刚好。

为什么会这样？因为事情本身也在运动，也在长大。

自由有度

我再来说“进退有度，于人不怒”。

这句话意思是做人做事进退有度，就不会让人发怒，乃至拒绝。

关于这一点，列子也有详述。本篇中蘧伯玉告诉颜阖：你要顺从他、娱乐他，就能驯服他。

所谓“要想驯人，先要驯己”即此。

“不怒”即合作，事情就有成。

怒者，奴心也。奴隶经常发怒，乃至造反，比如斯巴达克斯冲天一怒，整个罗马帝国为之震动。

你不要激起人反抗的心。

你不要让人觉得我在做奴隶。

你要让人觉得自由，才好控制他。

孔子说：“民可使由之，不可使知之。”即此。

让他去自由，我来把握自由的度。

蘧伯玉

蘧伯玉告诉颜阖：要当好卫太子的老师，关键在于顺着他的性子，如驯猴人驯猴、驯虎人驯虎，做人不要阴柔，要阳柔，即表面要柔，里面要刚。

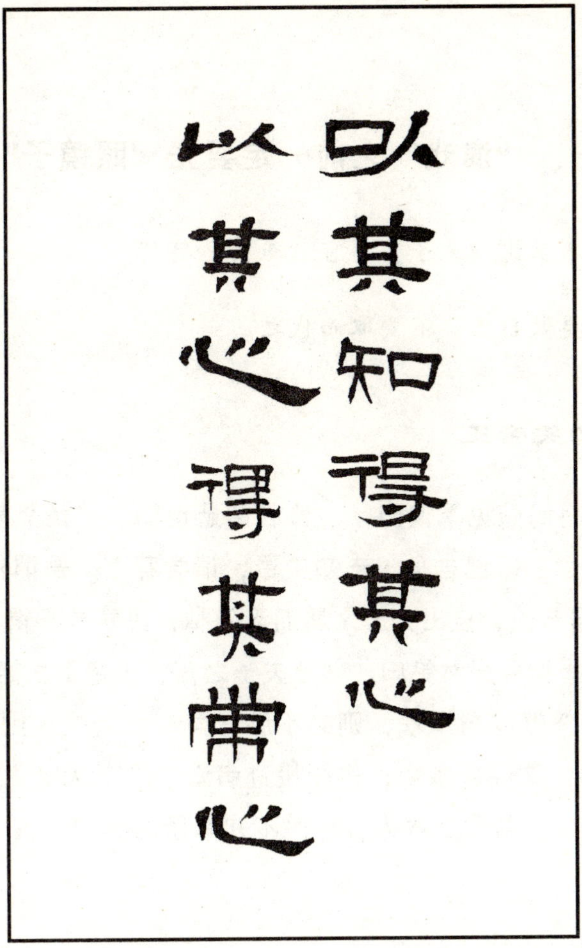

以其知得其心，以其心得其常心。

——《庄子·德充符》

二十、“演戏”之前一定要先“照镜子”

本章讲《庄子》寓言“季彻之笑”

要做自己，不要取而代之。

季彻笑帝王

将闾葂见季彻曰：“鲁君谓葂也曰：‘请受教。’辞不获命。既已告矣，未知中否，请尝荐之。吾谓鲁君曰：‘必服恭俭，拔出公忠之属而无阿私，民孰敢不辑？’”

季彻局局然笑曰：“若夫子之言，于帝王之德，犹螳螂之怒臂以当车轶，则必不胜任矣。且若是，则其自为处危，其观台多物，将往投迹者众。……大圣之治天下也，……若性之自为，而民不知其所由然。”（《庄子·天地》）

庄子说：

鲁国国君请教将闾葂指导国事，将闾葂推辞不掉就告诉他：“为政必须做到恭敬节俭，选拔公正忠直的人而没有偏私，百姓还有谁敢不和睦。”

将闾葂又不知自己说得是否对，便去请教季彻。

季彻俯身大笑说："上古圣人统驭天下，让百姓的心自由自在不受拘束，使他们的教化各有所成，陋习各有所改，但百姓却不知道为什么会这样。圣人是要百姓同于自然之德而心安，像你说的这些话，对于帝王的德业如同螳臂挡车，必不能胜任，真要这样便身处高危，朝廷就会多事，争着抢着的人必然很多。"

不可愚民

庄子借季彻之口在此处讲的"大圣之治天下也，若性之自为，而民不知其所由然"，意思与孔子说的那句名言相同。

孔子说："民可使由之，不可使知之!"

老子又说过一句更有名的话，那就是"非以明民也，将以愚之也。"

你把这三句话联系起来读，吃透，你都可以去统治了。

季彻笑坏了

听说将闾葂要去帮助鲁君治国，季彻就笑坏了，认为他是螳臂当车，不可能制止因腐败带来的崩溃。

有时力挽狂澜是有害的，因为它让该死的还活着。

有时添砖加瓦是有害的，因为新殿又起，又有禁锢。

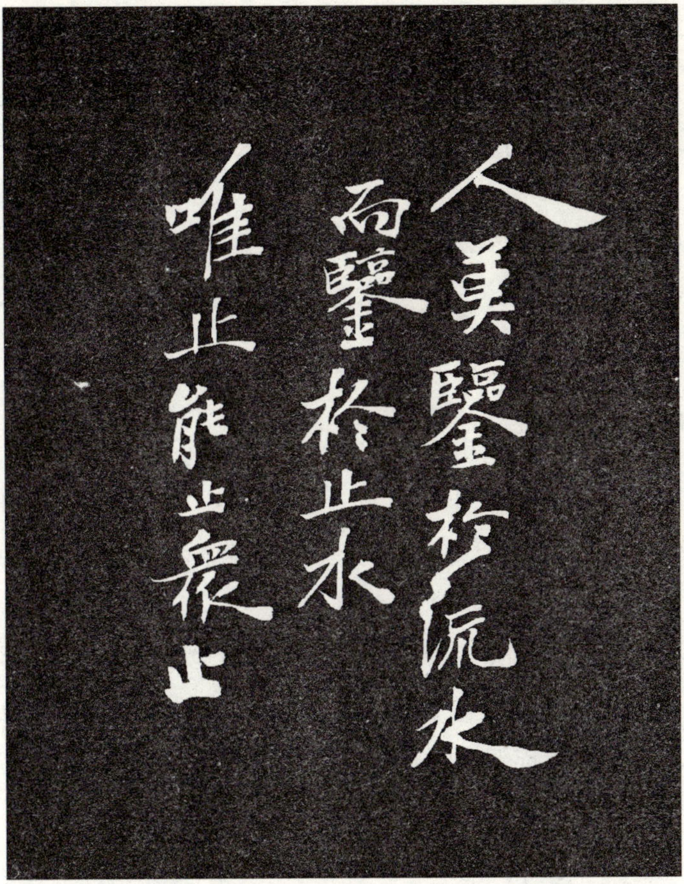

人莫鉴于流水，而鉴于止水。唯止能止众止。

——《庄子·德充符》

二十一、条件在做事中成熟

本章讲《庄子》寓言“孔子教叶公”

要吃独食或占大份，就要一来就上。

内热与大戒

叶公子高将使于齐，问于仲尼曰：“……齐之待使者，盖将甚敬而不急。……今吾朝受命而夕饮冰，我其内热与！……子其有以语我来！”

仲尼曰：“天下有大戒二：其一命也，其一义也。无所逃于天地之间，是之谓大戒。……行事之情而忘其身，何暇至于悦生而恶死？夫子其行可矣。”（《庄子·人间世》）

庄子说：

楚国的叶公子高将要出使齐国，齐国对待使者很傲慢，如果办不成事，他担心要受楚王惩罚，事情办成功了，定会因忧喜交集而生病。因此来请求孔子的教导。

孔子说：“注重内心修养的人，不受悲欢的影响，知道世事艰难，无可奈何而安心去做事，自然有办法。

遇到不得已的事情能把握真情并忘掉自己，哪里还有贪生怕死的念头。借事物的自然状态做事，从而使心志自在遨游，蓄养心中的精气，这是最好的办法。”

庄子借孔子之口揭示了人做事之道，非常到位。

孔子先说人“无所逃于天地之间”，这话好，人必须做事，这是逃不掉的。不要问为什么？因为你长了一张嘴巴要吃饭。

孔子又说“行事之情而忘其身，何暇至于悦生而恶死”，这话是说做事就要动感情，忘了自己，并且没工夫去悦生恶死。

孔子最后告诉叶公“夫子其行可矣”，让他尽管去做。

据《论语》，孔子讲他自己“知其不可而为之”，我们再把《庄子》中庄子假托孔子说的这番话结合一起，可以得出一句很妙的话：

我自做我事，无心管事情。

不是无心管他人，而是无心管事情。你做事，你用心做事，用感情做事，做着做着就把该事忘了。更妙的是，你忘了还在做。最妙的是，你一边忘，一边做，最后就成了。

不要做叶公

叶公子高这个人很可笑，事情不成怕被罚，事情成了又怕受不了那个高兴劲，事情成不成他都害怕，你说这样他能做成什么事？

这个叶公子高，就是成语“叶公好龙”中的那个叶公。凡事狐疑，又想又害怕，一旦真的到手，反而受不了。

叶公这个经典形象代表很大一部分人，他们渴望动真的，又不敢动真的。他们的一生都处在对别人的羡慕和对自己的深深悔恨中。

一来就上

庄子借孔子的口告诉叶公子高做人应果断，做事应顺其自然。这两方面缺一不可。

做人果断很重要，不是先做选择再行动，而是先行动后选择，或说一边行动一边选择。

你说：没看清怎么动手捕鱼？

我说：等你看清楚别人也看清楚了，哪儿还有你的份！你要吃独食或占大份，就要一来就上。

凡事一来就上，对方必无准备。你不给他时间反抗，他怎么反抗？傻瓜才兵对兵、将对将、和尚对和尚，聪明人一来就当和尚。

明白这一点，你的心就悠闲自在。都当和尚了，人奈我何？

叶公子高按孔子的指示出使齐国，大大地发了一笔小财回来，乐不可支。

他见齐王如见乞丐，反而向对方施舍。他不提建议，他只是给予。他这样干对了，当时秦国是第一大国，楚国是第二大国，齐国是第三大国，余下的国家都是小邦。叶公代表第二大国与第三大国打交道，难道还怕他齐王？齐王本来想狠狠杀一下叶公的威风，反复试探，见此人不开窍，没了办法，只好送一笔钱把他打发走。

叶公得了甜头，从此做事有主见，并且平平淡淡而不累。

孔子教训叶公

叶公要代表楚国出使齐国，担心干不好这趟差事。

孔子告诉他尽管去，已经决定的事自己先要接受。就当收拾残局，而不是开创什么事情。

直 寄

——《庄子·人间世》

二十二、完成即终结，残缺乃完美

本章讲《庄子》寓言“王骀之道”

应与世界共成长，不因世界而终结。

王骀比孔子还高

鲁有兀者王骀，从之游者与仲尼相若。常季问于仲尼曰：“王骀，兀者也。从之游者，与夫子中分鲁。立不教，坐不议，虚而往，实而归。固有不言之教，无形而心成者邪？是何人也？”

仲尼曰：“夫子，圣人也。丘也直后而未往耳！丘将以为师，而况不若丘者乎？奚假鲁国，丘将引天下而与从之！”

常季曰：“……何谓也？”

仲尼曰：“自其异者视之，肝胆楚越也；自其同者视之，万物皆一也。夫若然者，且不知耳目之所宜，而游心乎德之和。物视其所一而不见其所丧，视丧其足，犹遗土也。”（《庄子·德充符》）

庄子说：

鲁国有一个被砍断一只脚的人叫王骀，跟他求学的人和孔子的弟子一样多。

孔子的学生常季问孔子："王骀站不能给人以教诲，坐不能议论大事，跟他学的人空虚而来满载而归，好奇怪啊，这是什么样的人呢？"

孔子说："他是圣人，学识和品行都高于我，我将拜他为师，我要引导天下人去跟他学。"

季常说："王骀是怎样运用心智的呢？"

孔子说："他只求自由自在，忘心而忘形，忘形而忘情。在忘情的境界之中，看自己断了一只脚就像失落了一块泥土，超尘绝垢，大家都乐意跟从他。"

庄子的这个故事讲王骀为人通达，为当时所重，具有极大的亲和力。

通达之人豪爽，豪爽比智慧更能帮助人渡过困难，豪爽的人善于忘却不快。

这样，王骀看自己断了一只脚就像掉了一块土，又有何惜哉？

不知朋友们注意到没有，残疾人脸上多半带着微笑，并且做人做事神态自若，这是他们经历了一番死亡又战胜死亡后的不平凡的修为。

所以正常人要向残疾人学习。

其实世上人人都有缺点，人人都有"残疾"。不承认这一点就是自欺欺人。

庄子关心三种人

庄子讲的寓言故事的主角有三类人：

一类是圣贤神仙，如鸿蒙、黄帝、老子、孔子。这类人是庄子所说的道的传承者，比如广成子传道黄帝，老子传道孔子。

一类是做手工活的劳动者，如匠石、庖丁、灌园老人。庄子曾为看林人（漆园吏），对同行的关注使他的知识里面充满泥土的智慧与木屑的芬芳。这类人是道的创造者，级别比前者还高。

一类就是残疾人，如本篇讲的王骀，及支离疏、申徒嘉等人。这类人另创一道，或说另显一道，显示了人真实的一面和唯一的出路，级别最高。

庄子如此关注残疾人，当然不是猎奇，而是有他深刻的思考。

与世界同步成光

一者，天生残疾者揭示了人与人命运的不同，这种先天的不同证明了世界是有多样性的，完美与残缺伴生，幸福与不幸同体。

手脚完好的人看见残肢断体者总是如此震撼，身体是人的全部，身体的先天损坏揭示了人类本身的缺陷——人不可能完美，总有一两处重大缺陷困扰终生。

庄子曾借孔子之口说：“丘，天之戮民也。”“天之戮民”即上天所残害的人。庄子揭示：说到底，人是上天所生，上天生人又害人，人类头上的星空并非只是那么美丽。

庄子由此又推出：这个世界说到底是不适合人类的。

并且，庄子发现，这个世界正在生成，绝非成品，而最多是个半成品。

你看，我们所生存的世界只是一个未完成之物，我们不可能依靠它真正完成我们的人生。

因此，应与世界共成长，而非借世界而成长，更不能因世界而终结。

二者，后天残疾者是由社会与家庭造成。在庄子生活的年代，打仗就像吃饭，各国杀人者人为制造出了无数的残疾。战争最惨烈时，只有残疾人才能避免上战场，越是重伤，越是得福。

庄子面对当时那个非人的世界，想说的已不再是老子讲的“祸兮福所倚，福兮祸所伏”了，而是直接说：“人其尽死，而我独存乎!”翻译过来就是：那些人都死去吧，让我独自存在。

庄子借孔子之口赞美王骀这个残疾人，用意何在？庄子是赞美王骀的心态好。管他残疾不残疾，反正我是个人。不但如此，人无完人，只要客观完美。

孔子与季常聊天

孔子告诉季常，王骀做人有操守，就像松树。王骀是鲁国圣人，孔子自愧不如。孔子说王骀这个人凡事有恒定，有准信，因此大家都跟随他。

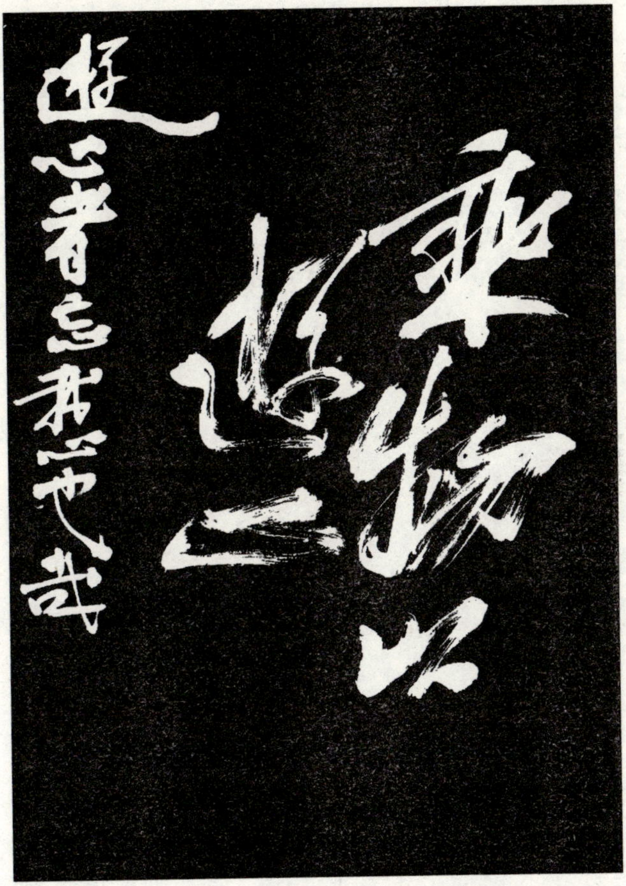

乘物以游心

——《庄子·人间世》

二十三、好话面前应知好歹

本章讲《庄子》寓言“尧拒绝祝福”

空对空只会眼睛花，实打实才有果子吃。

华封人三祝

尧观乎华，华封人曰：“嘻！圣人。请祝圣人。使圣人寿。”尧曰“辞。”“使圣人富。”尧曰：“辞。”“使圣人多男子。”尧曰：“辞。”

封人曰：“寿、富、多男子，人之所欲也，女独不欲，何邪？”

尧曰：“多男子则多惧，富则多事，寿则多辱。是三者，非所以养德也，故辞。”

封人曰：“始也我以女为圣人邪，今然君子也。天生万民，必授之职。多男子而授之职，则何惧之有？富而使人分之，则何事之有？夫圣人，鹑居而鷇食，鸟行而无彰。天下有道，则与物皆昌；天下无道，则修德就闲。千岁厌世，去而上仙，乘彼白云，至于帝乡。三患莫至，身常无殃，则何辱之有？”

封人去之，尧随之曰：“请问。”

封人曰："退已！"（《庄子·天地》）

庄子说：

尧到华地巡视。

华地守护封疆的人祝福他："祝福圣人长寿！"

尧说："不要。"

"祝福圣人富有。"

"不要。"

"祝福圣人多男孩。"

"不要。"

守护封疆的人说："人们都求长寿、富有、多男孩，你为何不想要？"

尧说："多男孩就多恐惧，富有则多麻烦，长寿则多辱。"

守护封疆人说："天生万民，富有使人共享，有何麻烦？天下太平，万物昌盛很好，长寿而升天有何不可？"

守护封疆的人离去时，尧跟在他后面说："请问该怎么办？"

守护封疆的人说："你回去吧。"

祝福似诅咒

庄子讲的这个故事很有意思。

尧拒绝祝福，因为他知道自己当不起任何祝福。

祝福似诅咒。

比如一个人说：我祝你长命百岁，意思很显然就是你不可能长命百岁。“祝”就是祝愿，它仅仅是个心愿而已，等于零，等于没说。

世人爱听好话，弄得自己飘飘然，一天到晚享受祝福就心满意足了。

尧与华封人

尧拒绝华封人的三次祝福，因为他还达不到华封人所说的境界。

人有自知之明，心里就会越来越明白。

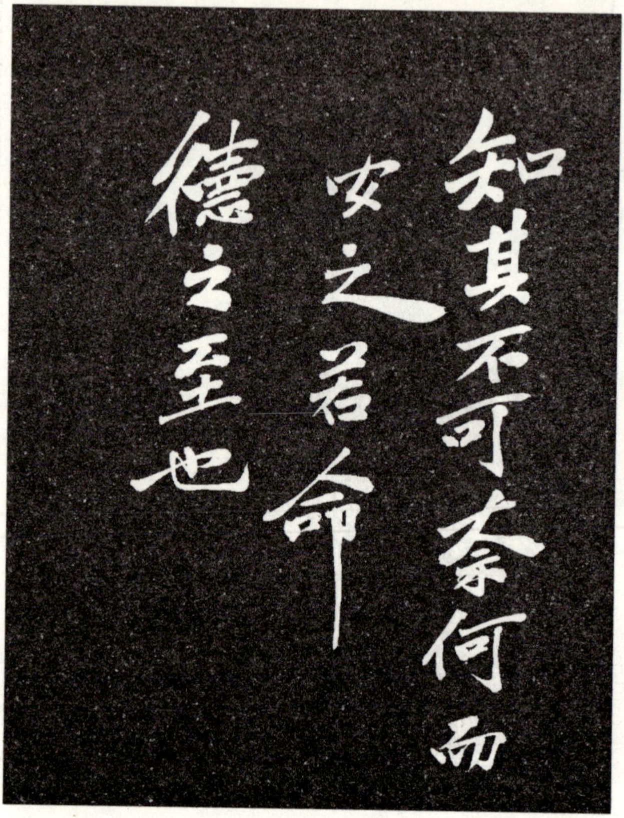

知其不可奈何而安之若命，德之至也。

——《庄子·人间世》

二十四、要做事不要搞事

本章讲《庄子》寓言“许由教训尧”

搞人者人必搞之，搞事者事必败之。

许由教训尧

尧之师曰许由，许由之师曰啮缺，啮缺之师曰王倪，王倪之师曰被衣。尧问于许由曰：“啮缺可以配天乎？吾藉王倪以要之。”

许由曰：“殆哉，圾乎天下！啮缺之为人也，聪明睿知，给数以敏，其性过人，而又乃以人受天。彼审乎禁过，而不知过之所由生。与之配天乎？彼且乘人而无天。……夫何足以配天乎？治，乱之率也，北面之祸也，南面之贼也。”（《庄子·天地》）

庄子说：

尧的老师是许由，许由的老师为啮缺，啮缺的老师为王倪，王倪的老师为被衣。

尧问许由：“我想借王倪来邀请啮缺做天子，啮缺可以做天子吗？”

许由说："危险。啮缺智慧超群，办事快捷机敏，天赋过人，但却爱用人为的心智去取代自然规律。他做天子必定凭借人为摒弃自然，尊崇才智而谋急用，必为琐事所役使，目不暇接地跟外物应接。他可做百姓的长官而不可做一国的君主。"

不可搞事

庄子的这个故事讲做人不要搞人，做事不要搞事，才能成。搞人者人必搞之，搞事者必会天下大乱。

许由说："治，乱之率也。"很多事情表面被你收拾得可以，其实隐藏大祸根。大祸根的存在是因为有人包藏祸心，有人包藏祸心是因为你先搞事。你不先搞事，就没人能搞你。

许　由

许由批评啮缺为人太聪明，以为自己配得上天。虚妄太久，自己内心的空虚难以医治。不如归去，耕田饮酒，手持竹竿游。

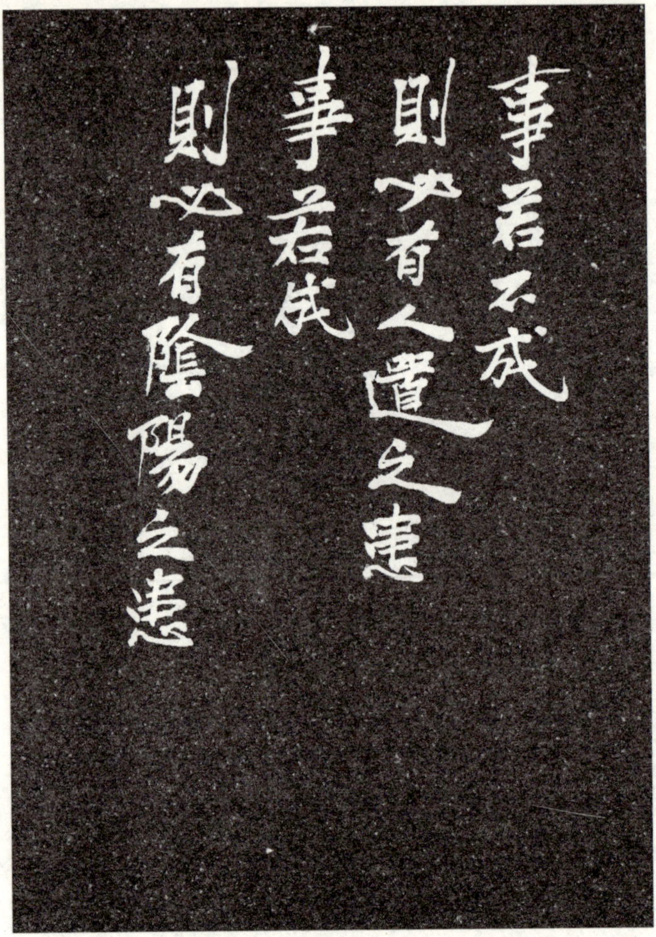

事若不成，则必有人道之患；
事若成，则必有阴阳之患。

——《庄子·人间世》

二十五、真的就是好的

本章讲《庄子》寓言“老子之死”

像死亡一样真实，就必会来临。

老子之死

老聃死，秦失吊之，三号而出。弟子曰：“非夫子之友邪？”曰：“然。”“然则吊焉若此，可乎？”曰：“然。始也吾以为其人也，而今非也。向吾入而吊焉，有老者哭之，如哭其子；少者哭之，如哭其母。彼其所以会之，必有不蕲言而言，不蕲哭而哭者。是遁天倍情，忘其所受，古者谓之遁天之刑。适来，夫子时也；适去，夫子顺也。安时而处顺，哀乐不能入也，古者谓是帝之县（悬）解。指穷于为薪，火传也，不知其尽也。”（《庄子·养生主》）

庄子说：

老子死了，秦失去吊丧，大哭三声就出来了。

弟子问他：“他不是你的朋友吗？”

秦失说：“是啊。”

"那你怎么可以这么吊唁呢?"

秦失说:"有许多老年人哭他,如同哭自己的儿子;有许多小孩哭他,如同哭自己的母亲。他们都是为情感所动而哭泣,都是违背自然规律。正该来时,老子应时而生,正该去时,老子顺理而死。因此我们要心顺变化,哀伤和欢乐的感情便不能侵入心中。"

庄子这个故事通过赞美秦失吊老子三声而出的荒诞行为,寓意之一为:一切顺其自然,则不自然的也自然了。

自然是自己这样,指顺应造化之法则,宇宙之天机,乾坤之刻度,大道之流行。

不自然是自己不这样,但不这样你还能哪样?哪怕你变成魔鬼了,你还是要穿衣吃饭,火烧觉得痛,水淹觉得慌。变魔鬼有什么用?不如正常,不如自然。

顺其自然,则不自然的也自然了。

我心虚弱

圣人爱拿死亡说事。老子说:"民不畏死,奈何以死惧之?"孔子说:"不知生,焉知死?"孟子说:"杀身成仁、舍生取义。"现在庄子又拿老子开涮,说秦失吊老子,大哭三声而已。

我的诗集《寂》中有一首诗,那天我在出租车上翻来看,袁喜坐在我身后看见了,不由笑起来。我写的是：

我心久虚妄，今生抵死狂。

此诗我自以为狂放，其实是故作狂放，“我心久虚妄”，还算老实。“今生抵死狂”，我能做到么？

做不到的。

不但我做不到“抵死狂”，就算偶尔狂一下也底气不足。

狂歌时我需要酒。

狂饮时我又需要歌。

看似风流，谁知我心虚弱？

以自然顺自然

我问庄子：秦失吊老子，毕竟哭了三声，他为什么干脆一声都不哭？

庄子说：他的心也悲伤，当然也会哭。

我说：哭过了他也就不再悲伤，绝不把悲伤当饭吃，是吗？

庄子点头说：悲伤最让人上瘾。

我说：请述秦失之意。

庄子说：一切顺其自然，不违情作礼，也不违性作情。

我问：什么是“顺其自然”？

庄子说：以自然顺自然，而不是以人顺自然，就叫顺其自然。凡有人我相，皆非自然。凡说天人合一，即非合一。凡说自然之友，即自然之敌。不要划分人与自然，人即自然。老子说：“以身观身，以家观家，以乡观乡，以国观国，以天下观天下”，意思与我相同。

我说：秦失吊老子，只哭三声，可谓是合乎人性了。他不哭是假，哭个不停更是假，因此他哭三声而出。

庄子说：一切事情到死亡而止，所有的人生到死亡而水落石出。大哉死亡，让真的果然真，让假的也不能再作假。

秦失吊老子

在好朋友墓前，他只哭了三声，就悠然而出。此非绝情者，亦非忘情者，乃是多情人——对他人绝情，对自己多情。老子已死了，他还要好好活着。

坐　驰

——《庄子·人间世》

二十六、恍惚中有道，模糊中有窍

本章讲《庄子》寓言“象罔得珠”

凡事有误差才能做成，因为事情本身在动。

象罔得珠

黄帝游乎赤水之北，登乎昆仑之丘而南望。还归，遗其玄珠。使知索之而不得，使离朱索之而不得，使喫诟索之而不得也；乃使象罔，象罔得之。黄帝曰：“异哉！象罔乃可以得之乎？”（《庄子·天地》）

庄子说：

黄帝在赤水以北游玩，登昆仑山时遗失了玄珠，派才智超群的智去寻找，但没找到。

派善于明察的离朱去寻找也没找到。

派善于闻声辩言的喫诟去找，仍未找到。

于是派恍兮惚兮的象罔去寻找，象罔却把玄珠找回来了。

黄帝说：“奇怪啊，只有象罔才能够找回玄珠吗？”

恍惚中有道

庄子说“象罔得珠”，是具有排他性的。

有的事情要在恍惚状态下完成。

因为这个世界本来就是恍惚的、移动的、幻灭的、不确定的、混沌的，我们如果也是恍惚的、移动的、幻灭的、不确定的、混沌的，那么就与世界对应，事情就成了。你不对应，就不能到位，永不能成。

还有一点也很重要，在此我也不妨说破。凡事要有误差，才能做成。因为事情本身在动，你设计得再完美也会变。越完美离设想的距离越大。你预先留出误差，反而一做就成，并且吻合初衷。

玄珠偶得

恍兮惚兮的象罔偏得到了宝珠，偶得的背后是必然。凡事太认真，就会失真。你一边恍惚，一边认真，就能到手。

心　斋

若一志，无听之以耳而听之以心，无听之以心而听之以气。听止于耳，心止于符。气也者，虚而待物者也。唯道集虚。虚者心斋也。

——《庄子·人间世》

二十七、以无形破有形

本章讲《庄子》寓言“庖丁解牛”

只要是有形的东西，就可以把握。

庖丁解牛

庖丁为文惠君解牛，手之所触，肩之所倚，足之所履，膝之所踦，砉然响然，奏刀騞然，莫不中音，合于桑林之舞，乃中经首之会。文惠君曰：“嘻，善哉！技盖至此乎?”

庖丁释刀对曰：“臣之所好者，道也，进乎技矣。始臣之解牛之时，所见无非全牛者；三年之后，未尝见全牛也；方今之时，臣以神遇，而不以目视，官知止而神欲行。依乎天理，批大郤，导大窾，因其固然。技经肯綮之未尝微碍，而况大軱乎！良庖岁更刀，割也；族庖月更刀，折也；今臣之刀十九年矣，所解数千牛矣，而刀刃若新发于硎。彼节者有间，而刀刃者无厚，以无厚入有间，恢恢乎其于游刃必有馀地矣，是以十九年而刀刃若新发于硎。虽然，每至于族，吾见其难为，怵然为戒，视为止，行为迟，动刀甚微，謋然已解，如土委地。提刀而立，为之四顾，为之踌躇满志，善刀而藏之。”

文惠君曰：“善哉！吾闻庖丁之言，得养生焉。”(《庄子·养生主》)

庄子说：

庖丁替文惠君宰牛，手掌触及的，肩膀倚靠的，足尖踩到的，膝盖抵住的，都发出音乐，他进刀割解牛肉的“哗啦”之声也没有不合于音节的，而且还符合桑林舞曲的节奏，也合于经首乐章的韵律。

文惠君赞叹庖丁高妙的技术，并问：“你的技术怎能达到这般地步？”

庖丁说：“我开始宰牛时，把它看作一条整牛，几年后便不见整体的牛，只领会它的生理结构，心领神会之后便游刃有余，牛还不知道怎么回事便已解体了。”

庄子讲的这个经典故事意在说明：人先必解剖自己，才能解剖万物去做事。因为万事万物原理相同。

庖丁解牛的关键不在于牛，而在于了解自己。

目无全牛

庖丁如此神妙，天下的牛有难了。

“目无全牛”乃是高手通用境界，达到这一境界，你就可以将对象瓦解、击溃，占有他，吞掉他。

俗话说的“目中无人”即源自“目无全牛”，指你眼界奇大，不再把人当“人”看。我大他小，我大大大，他小小小。我伟大伟大，他渺小渺小。我再大再大，他再小再小。这样我一路大下去，成了宇宙。他一路小下去，成了蚂蚁。当你浩瀚如宇宙，会在意一只蚂蚁吗？

你已逼近造化本身，还会摸不清生命的样子吗？

这不是自大，而是真实的境界。

以无形破有形

牛虽大，并非无形。

俗话说“老虎吃天，无处下口”。天当然不好吃，因为它无形无状，让人摸不着头脑，没法动手。

但只要是有形的东西，就可以把握。你眼睛能看见它，耳朵能听到它，再走近些，手可以摸到它，万一摸不到，你还可以用工具作用于它，怕它怎的？

进攻有形之物时，你就是无形的。

只有它怕你，完全不必要你怕它。

——以无形攻有形，这是庖丁之所以解牛的第一个原理。

为什么进攻时人是无形的？这是因为你在动，在运动，而运动必然带来幻影，幻影叠加，人造梦幻生成，你不断为对方造梦、造景，追魂摄魄，让他不停息，紧张、压抑，渴望以任何一种方式停息。在风驰电掣的进攻中，你给对方造成运动感、沧桑感、即成感，因此你一动，还没怎样呢，他就准备接受结果了。

进攻之时，你先是隐形的，以猝死的方式提前进入程序。提前进入程序是程序的革命，天才读书常是跳级，高手做事常让规矩为我所用。

以有形入有形

牛之形，并非一个囫囵的枣。

如果是一个无缝隙的圆球，麻烦就大，孙悟空困在牛魔王圆呼呼的牛角内，虽然猴子天性善攀爬，但竟也找不到出口，幸亏外面的神将用金刚钻把他救出。

牛既然不是一个圆球，而是一个有五大分支的畸形球，那就有隙可击。牛与人一样，形体并非完美的卵形，它形体的分支使它更灵活，同时也害了它。

牛身上的五大分支即：头，四肢。这五大分支任选一处，都可着力，致它于死命。这五大分支因为是突出的外延，占用空间大，因此暴露也极大，它张扬之际，就是最佳的捕捉时机。

牛角尖尖，飞雀可驻。

牛尾甩甩，飞蝇附之。

牛足入泥，蚂蝗吸之。

牛头哞哞，庖丁解之。

从何处下手？当在牛颈。屠牛不过一刀，溅红不过白刃，当牛已暴露出它关键的部位，难道你还不能心领神会吗？

牵一发而动全身。

断其一指，心为之伤。

断其一臂，心为之恸，从此灵魂都是空了半边。

至于庖丁解牛之际，纯粹以横刀夺爱之势，宣告了造化的失败，因为他只需要一刀，他竟然只需要一刀，并无太复杂的程序，就可以将一条辛辛苦苦成长起来的生命于瞬间终结。

——以有形入有形，这是庖丁解牛的第二个原理。

前一个“有形”，指有形之刀。

后一个“有形”，指有形之牛。

有形之刀碰到有形之牛，就以实有破实有，瞬间转化为空虚。

解剖自己才能成为高手

牛已被杀，解牛则水到渠成。

牛的内体并不比它的外形复杂，庖丁沿着一条熟悉的路径推进，就成了。所谓熟悉的路径，指牛有和人完全一样的身体结构，你只需要闭了眼看一下自己的五脏六腑，就明白该怎样动手了。

你哪里是解牛，分明是解剖自己！

庖丁敢解剖自己于无形，所以他是高手。

残局中有道

我问庄子：庖丁解牛之际，他在想什么？

庄子说：他在想象有把刀，同时游弋在他体内。但他并不觉得痛，只觉得快。痛快痛快，有时是痛，有时是快，主要是快，快就不怕痛，因为再痛都只不过那么一下。因此他有了胆，下手更狠。什么是“只觉得快”？是说他的运动已快得接近临界点，当快得没法再快，他就欢乐，以自暴自弃到底的方式实现身心解放。自暴自弃到底，才能一竿子捅到底。速度使他有了安全感，因此他只需要快，只需要快干。他不在乎过程，甚至不在乎结果，他最爱的是收拾残局。想象五颜六色的一堆鲜艳的肉裸露在他眼前，屠夫早已为世人、为自己安排好盛宴。

我说：做事的全部意义就在于收拾残局。既不在于过程，也不在于结果。

庄子说：不错。收拾残局是最美的，庖丁解牛后，如果不能亲自打扫战场，将是他一生最大的遗憾。

收拾残局不是每个人都能享受到的，往往人一到这一步，就自动离开，那些敢于留下来打扫战场的人将会发现真正的战利品。

我说：老子引古圣人的话说，“受国之垢，是谓社稷主。受国不祥，是谓天下王”。所谓“垢”与“不祥”，就是残局。收拾残局的人是王。

庖丁解牛

庖丁解牛，目无全牛。他游刃有余的本能不是来自解牛的经验，而来自于对“物与我相同”的认识。

庖丁不是在解牛，而是自己解剖自己。牛是不存在的。

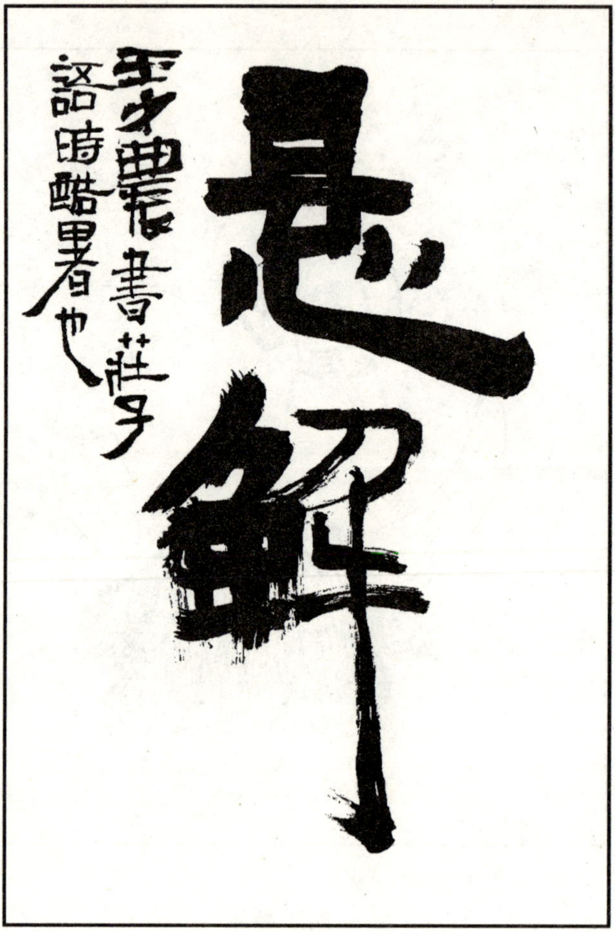

悬 解

安时而处顺，哀乐不能入也。

——《庄子·养生主》

二十八、让事情自己变化

本章讲《庄子》寓言“鸿蒙之道”

一旦加入自然，万事万物就朝着你发展。

天人合一

云将东游，过扶摇之枝而适遭鸿蒙。鸿蒙方将拊脾雀跃而游。……云将曰：“天气不和，地气郁结，六气不调，四时不节。今我愿合六气之精以育群生，为之奈何？”鸿蒙拊脾雀跃掉头曰：“吾弗知，吾弗知！”云将不得问。

又三年，东游，过有宋之野，而适遭鸿蒙。云将大喜，再拜稽首，愿闻于鸿蒙。

……

鸿蒙曰：“意！心养。汝徒处无为，而物自化。堕尔形体，吐尔聪明。伦与物忘，大同乎涬溟。解心释神，莫然无魂。万物云云，各复其根。各复其根而不知，浑浑沌沌，终身不离。若彼知之，乃是离之。无问其名，无窥其情，物故自生。”（《庄子·在宥》）

庄子说：

云将去东面游玩，经过神木的枝头遇见鸿蒙，鸿蒙像小雀一样跳跃着玩耍。

云将见此情形，知道遇上了高人，便向鸿蒙请教："天气不和谐，地气郁结了，四时变化不合节令，我想融合天气的精华来养育万物，应该怎么办？"

鸿蒙不回答。

又过三年，云将又向东游玩，经过宋国的原野，又遇上鸿蒙。

云将高兴极了，叩头行礼，想听鸿蒙的指点。

鸿蒙说："自在遨游，随心所欲，不扰乱自然常规，不违背事物真情。摒弃思虑，清心静神，顺应自然无为，万物就会自化，把伦理和万物一并忘掉，和混混茫茫的自然之气相合为一。"

云将叩头于地，拜毕告辞而去。

放弃才能得到追求

庄子的这个好玩的故事借鸿蒙之口讲了一个道理：人要"无为而物自化"，意思就是你什么也不用做，外物自然会朝你想的方向变化。

为何天地之道如此神奇？这是因为你无为之后，就回到自然，就加入了自然的变化。这个时候，万物随自然变化，也可以说随你而变化。

这就是你不想改变人了，人却因你而改变。你不想做事了，事情却因你而成。

你千辛万苦想做一件事，又想明白原本不用去做。于是你放弃，就在你放弃之时或稍后，事情自动就成了。

你千辛万苦追一个人，最终放弃。但过不久他却主动来找你。

不是因为你做了什么，而是因为你没做什么，你才会成为你想要的样子。

你一旦加入自然，获得自然之道，那么万事万物就会沿着你的自然之道向着你发展，你左右逢源，左摘花，右摘果，收获大了。

云将偷看到了鸿蒙

鸿蒙那时在原野上快乐地翻筋斗，云将问他为什么这么快乐？他不回答。三年以后鸿蒙才告诉云将要“解心释神，漠然无魂”，意思是要解放自己的心灵，释放自己的精神，平平淡淡，这样才不会被万事夺魂失魄，更不会做人追魂摄魄。去掉名与利，人就轻松。

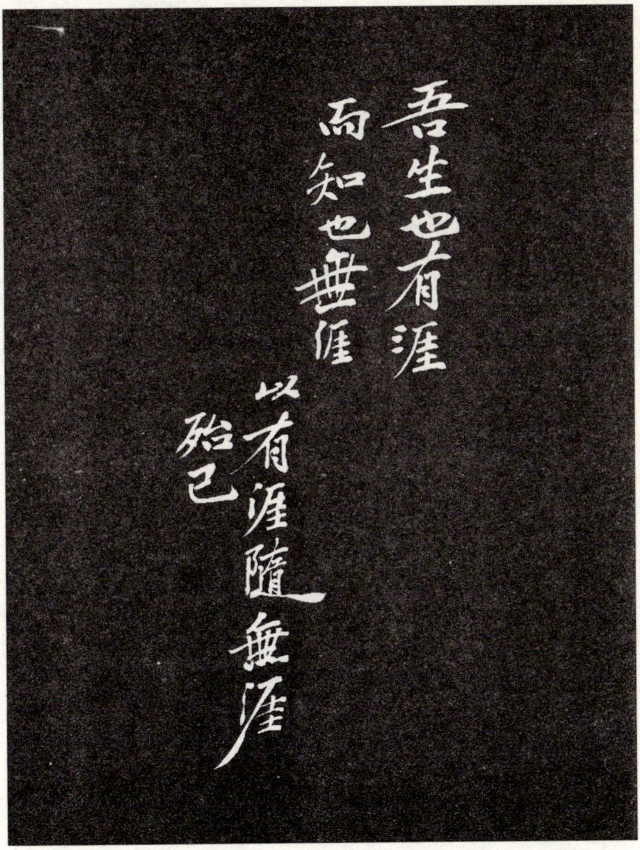

吾生也有涯，而知也无涯，以有涯随无涯，殆已。

——《庄子·养生主》

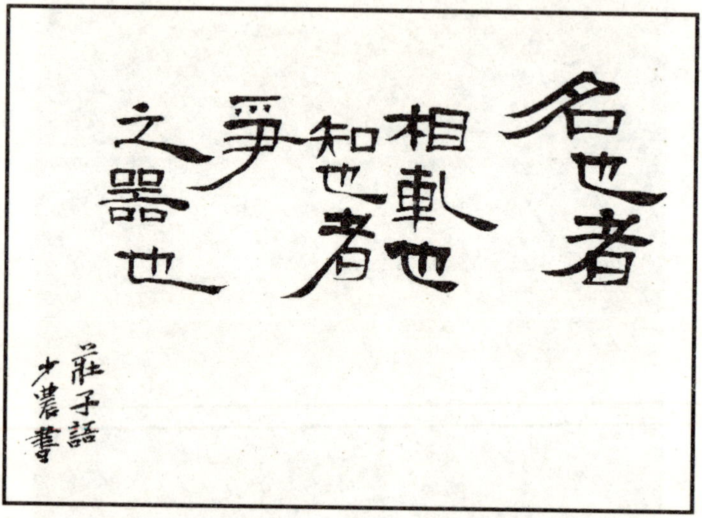

名也者，相轧也。知也者，争之器也。

——《庄子·人间世》

二十九、做梦的人自己是梦

本章讲《庄子》寓言“庄子梦蝶”

蝴蝶本是蛹，梦蝶就是回到先天。

庄子梦蝶

昔者庄周梦为胡蝶，栩栩然胡蝶也，自喻适志与！不知周也。俄然觉，则蘧蘧然周也。不知周之梦为胡蝶与？胡蝶之梦为周与？周与胡蝶则必有分矣。此之谓物化。（《庄子·齐物论》）

庄子说：

有一天我梦见自己变成了蝴蝶，翩翩然翻飞的一只蝴蝶，四处遨游，悠闲自在，根本不知道自己就是庄子，突然觉醒，发现自己分明就是庄子，不知是庄子做梦变成了蝴蝶，还是蝴蝶做梦变成了庄子。

庄子讲自己的这个故事，是在主动现身说法，告诉我们通往自由之途只能是做梦，梦醒后一切照旧。自由是不存在的，丢掉自由，才会获得自由。蝴蝶不是为蝴蝶活着，蝴蝶是为花活着。人不是为人活着，人是为道活着。

蝴蝶是自由的象征

庄子这个梦大有来头，我先从蝴蝶说起。

庄子曾经做过漆园吏这个小官，漆园吏的工作就是管理漆树林。庄子天天在树林里转，对林中的花草树木很熟悉，当然也熟悉林中的昆虫，比如蝴蝶。

开始时，蝴蝶就是蝴蝶，不具有象征意义。

慢慢地，具体的蝴蝶变成了抽象的蝴蝶。

最后当庄子身上发生了某件事，他再注目蝴蝶，蝴蝶就升华了意义，对他有引领作用。

对于困守园中的庄子来说，蝴蝶就是自由的象征。

自由的蝴蝶，永远生活在春天。

——蝴蝶即自由，梦蝶即追求自由，这就是“庄子梦蝶”的寓意。

自　由

明白了这一层，我们可以进行更深入的探讨了。

“蝴蝶即自由”，那么我呢？

“梦蝶即追求自由”，那么这种追求什么时候才能到手？

第一个问题答案是：蝴蝶自由，我不自由。

第二个问题答案是：对自由的追求永远不能到手。

庄子显然明白这两点，这就是他忽然在美梦中醒转的原因。

他因此感到痛苦：蝴蝶是美好的，但他不是蝴蝶，蝴蝶越美好，就越跟他没什么关系。

他因此感到愤怒：我为什么不是蝴蝶？

他没有触须。

他没有翅膀。

他没有能飞的条件，空有想飞的意志。

空空的空气中，横亘着天堑，这空气在蝴蝶是桥，在他是绝壁，他飞不过去。

彼岸世界近在咫尺，但他就是过不去。

这自由太大了，以至使人绝望。从此他明白：不要自由才能自由。

庄子问蝴蝶：你为什么如此轻盈？

蝴蝶说：我不是轻盈，我也很沉重。但我很灵巧。

庄子说：能不能解释一下你的灵巧？

蝴蝶一笑：既然叫灵巧，那就只有自己知道，怎么说得出？

庄子说：你就随便说说吧。

蝴蝶于是说：我一开始并不是蝴蝶。我是一条虫，困在我母亲给我的枷锁般的温室里。我闷、我热、我长大、我挣扎、我用头钻出了壳，我扇动翅膀飞向天空。孩提时我压抑越大，长大后就越能飞翔。

庄子打断它说：你说得太笼统，请具体描述你打开翅膀的那一瞬间。

蝴蝶歪着头，仔细想了想说：哦……我想起来了，当时是这样，我的头一伸出壳外，马上有一股新鲜空气将我洗脑，呵，这是上帝的灵，是宇宙的元气，它古远而新鲜，无所不在。我触电了，通灵了，头颅被过电后，马上变得勇敢。我奋力冲飞，不觉就跃向天空。翅膀？不，我不知道我有翅膀，我全身都在飞，翅膀只是起辅助作用。因此，起飞的关键并不在于翅膀，而在于你的头颅是否过电。

庄子听到这里，精神为之一振。

蝴蝶接着说：我打开翅膀的那一瞬间，一个隐秘的世界也打开了。我包裹着它，劫持着它，飞向更远。我扔下它，抛弃它，它反而更欢畅，向我匍匐，向我膜拜，向我奉献，由我践踏。

庄子说：你的翅膀轻轻划破空气的沉寂，沿着一道震荡的微波前进，深入一个深邃的光圈，你的翅膀是倾斜的，沿着一个缝隙走，走，走，一直走到一个极宽阔的所在。那里风极大又极柔，那道灵、那股光、那阵风永远在那里鼓鼓地回旋着，你一旦飞到这里，就是不动也在飞翔，你不会再掉下去。从此你想飞就飞，想飞多远就飞多远。更可贵的是，你明白了飞翔并非最高的意义，因此会飞翔后你反而更多地停留在枝头，笑看那些忙着学飞翔的孩子们。

蝴蝶说：既然这些你都知道，为什么还要问我？

庄子说：我想知道，为什么你是蝴蝶，而我不是？

蝴蝶说：什么叫蝴蝶，什么又叫你？

庄子指着它的身体，说“喏”，又指着自己的身体说“唉”。

蝴蝶越发好笑了，冷不防向庄子飞过来。庄子“哎呀”一声，来不及躲开，就被蝴蝶严严实实地包裹在了怀中。他立刻自觉地窒息过去，恍惚中他还在祷告：我的神啊，我现在就归向你!

醒来时的庄子，明白了自己原本就是一只蝴蝶。

既不是蝴蝶变成我，也不是我变成蝴蝶，而是我与蝴蝶一同化去，因为有那灵，飞翔就是自然的事了。

庄子与蝴蝶

庄子梦蝶，醒而为庄子，不知是我变成蝴蝶，还是蝴蝶变成我。

要搞清楚这个问题几乎是不可能的，就像“鸡生蛋、蛋生鸡”的问题一样，最终的答案在造物主那里。作为被造之物，我们一切都被蒙在鼓里。但也凭此可以享受做梦之乐。

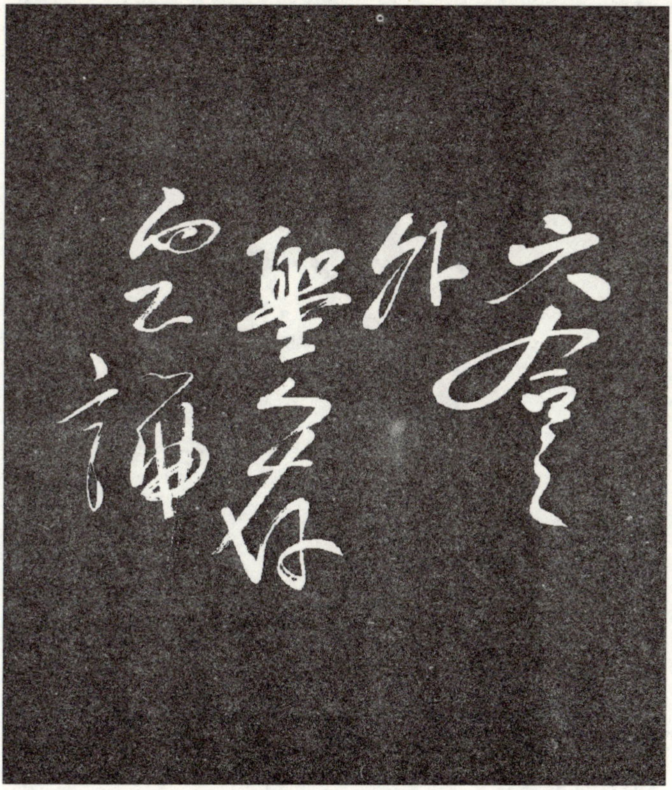

六合之外，圣人存而不论。

——《庄子·齐物论》

物　化

周与蝴蝶，则必有分也。

——《庄子·齐物论》

三十、有时靠智慧不如靠心灵

本章讲《庄子》寓言“黄帝见广成子”

智慧引向斗争，心灵引向快乐。

广成子养生之道

黄帝立为天子十九年，令行天下，闻广成子在于空同之上，故往见之，曰：“我闻吾子达于至道，敢问至道之精。吾欲取天地之精，以佐五谷，以养民人。吾又欲官阴阳以遂群生，为之奈何?”

广成子曰：“而所欲问者，物之质也；而所欲官者，物之残也。自而治天下，云气不待族而雨，草木不待黄而落，日月之光益以荒矣。而佞人之心翦翦者，又奚足以语至道哉?”

黄帝退，捐天下，筑特室，席白茅，闲居三月，复往邀之。

广成子南首而卧，黄帝顺下风膝行而进，再拜稽首而问曰：“闻吾子达于至道，敢问治身奈何而可以长久?”广成子蹶然而起，曰：“善哉问乎！来，吾语女至道。至道之精，窈窈冥冥。至道之极，昏昏默默。无视无听，抱神以静。形将自正，必静必清。无劳女形，无摇女精，乃可以长生。目无所见，耳无所闻，心无所知，女神将守形，形乃长生。慎女内，闭女外，多知为败。(《庄子·在宥》)

庄子说：

黄帝听说广成子居住在空同山上，特地去看他，说："我想获取天地精华来帮助五谷生长，养育百姓，我又想主宰阴阳来顺应万物，怎么样？"

广成子说："你所要的是万事万物的根本，但你管理的是万事万物的残渣，怎能谈'道'呢？"

黄帝退回，弃置政事，筑起一间僻静的小屋，铺着白茅独居了三个月，再去求广成子，问："听说先生明达'至道'，请问，怎样修身才能长久？"

广成子说："保持宁寂清静。无劳汝形，无摇汝精，乃可以长生。我帮你达到最光明境地，直达'至阳'的本原，天地各司其职，万物自然昌盛。"

多智为败

庄子借广成子的口说"多智为败"，这话极好，为我们敲响了警钟。

人类的失败不是因为没智慧，而恰恰就是因为太有智慧。大家的心思都很活，点子多多。

然而，真正让人舒服的不是来自大脑的智慧，而是来自内在的心灵。你听一支曲子的快感远远大于打败一个国家。你把人家打败了，又有何快感？“杀人一千，自损八百”，未有不因成功而自毁本性的。

因此，庄子揭示了，有时靠智慧不如靠心灵。真正有修养的人从不自夸有智慧，相反却总是谦虚地承认“我无智慧”。那么他有什么？唯有一颗本真的心。

黄 帝

他在高山之上，看见更高的山，并且悟出在山那边看他这边，也会认为这边比那边高。

人生全是错觉。

两山之间，只有人是真的。

因此不要管那山，才能管住自己。

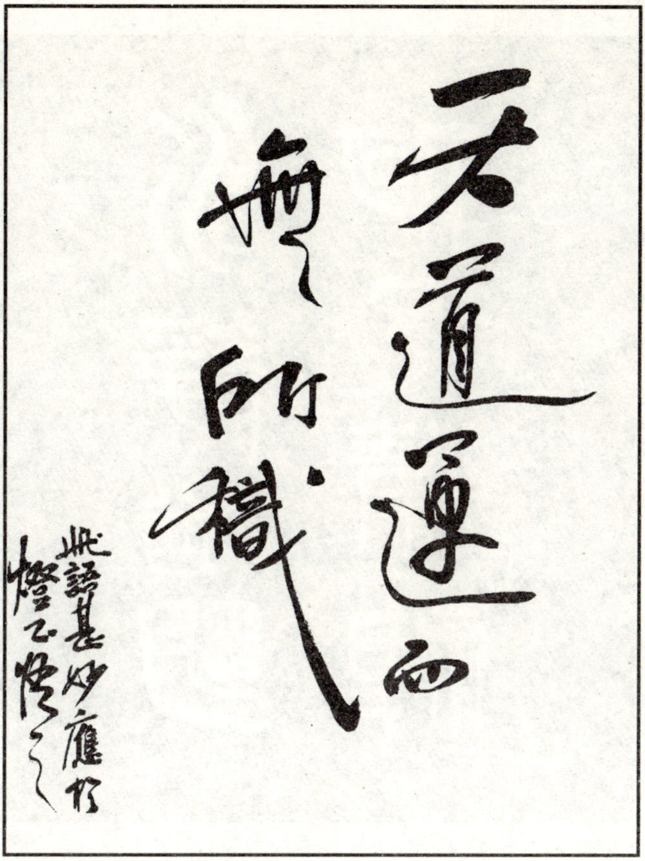

天道运而无所积

——《庄子·天道》

水静犹明，何况精神。

——《庄子·天道》

三十一、要从影子变成人

本章讲《庄子》寓言“光影问答”

我们不是光，但我们可以找到光。

光影对答

罔两问景曰：“曩子行，今子止；曩子坐，今子起。何其无特操与？”

景曰：“吾有待而然者邪？吾所待又有待而然者邪？吾待蛇蚹蜩翼邪？恶识所以然？恶识所以不然？”（《庄子·齐物论》）

庄子说：

影子之外的微光问影子：“从前你行走，现在又停下，从前你坐下，现在又站起，你怎么没有独立和恒定的操守呢？”

影子回答说：“我是有所依靠才这样，我所依靠的东西也是有所依靠才这样，我怎么知道为什么会这样？我又怎么知道为什么不会这样？”

庄子这个故事讲凡事要有谱，也即要有影子。没影子的事别做，做了也是空虚。

影子承认自己依附他人，但谁又不依附别人？这个世界上的万事万物互相依存，人没资格独立，应好好地把自己的影子带大。当你的影子也站起来了的那一天，你就真的成为天底下的人了。

被生与自生

影子答得妙！

光本来想说：你还不是靠我才存在。

影子却回敬它：你也需要光源。说到底，我并不依靠你存在。我们都依靠一个不知名的东西存在。

庄子在此指出：万物所依赖存在的东西是不知名的。

而老子则明确指出那是“道”。

庄子为什么不说是“道”？

莫非他认为并不是“道”？

《老子》开篇就说“道可道”。《庄子》开篇就说：“北溟有鱼，其名为鲲。”在庄子的世界里，一切都已存在，并不需要一个道来生出。庄子说“北溟有鱼”的时候，意思是说一开始就有个北溟，一开始就有条鱼。

由此可见，庄子是“自生论”者，老子则是“被生论”者。

老子眼中的世界是被“道”生出来的，庄子眼中的世界是自己存在，并不被谁生出。

北溟中的那条鱼一直在那里，没有光的地方依然有影子。

这是怎么回事？

影子离开人

古时候有个人仰头望天，发现天空荡荡的，他害怕极了。他又看到大地辽阔，土地如此结实，于是他心里踏实了，放心地把自己的生命寄托给这大地，并且自认为自己脚踏实地地活过一生。

群星如大漠，与君共赏之。

这很好，但你也要知道你也是一粒沙子。

影子不属于光，光却属于影子。

人没了影子，就像丢了魂。

影子离开人，依然可以自由自在。

做影子好幸福

我曾问一个朋友：你喜欢一个女孩子，后来又发现有个人像她，你会不会把“她”当成“她”的影子，一起喜欢？

朋友笑着说：我肯定不会。

我心里想：你之所以喜欢一个人，不正因为这个世界到处有她的影子吗？

光对影子说：你怎么这样！

影子说：我怎样？

光说：你一会儿站，一会儿坐，没个准。

影子承认：我也不知道为什么会这样。

承认自己心无恒定是勇敢的。谁不渴望永恒，知道自己不永恒是真实的。

我们作为影子的一生或明或暗，所幸的是不曾欺骗自己。

那么就要从现在开始，从影子变成人，就像从蛹变成一只自由的蝴蝶。

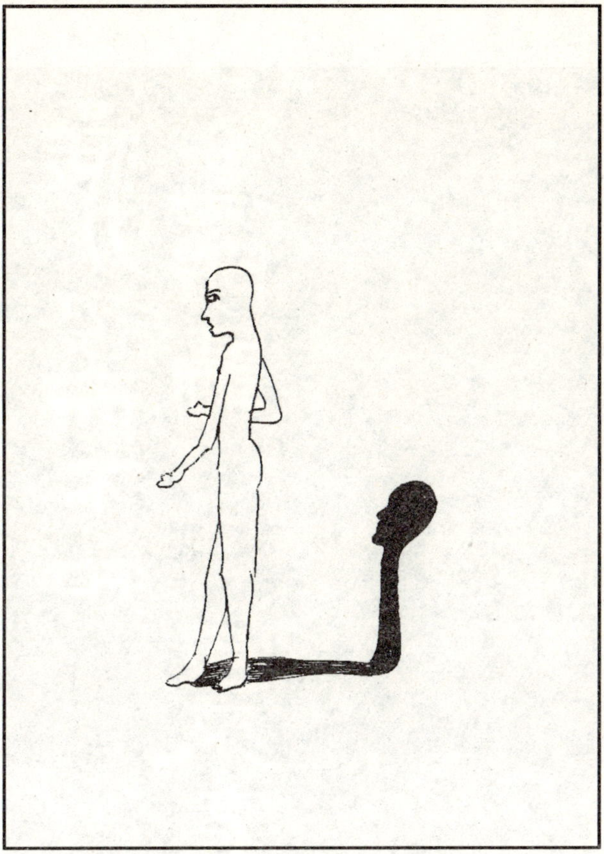

他看见自己的影子站起来了

庄子假借微光与影子的对话，意在揭示：任何人都甩不掉自己的影子，甚至它会不属于你，会站起来自己活动。因此人无需因为心中的各种影子焦虑，反而要感激它留下。

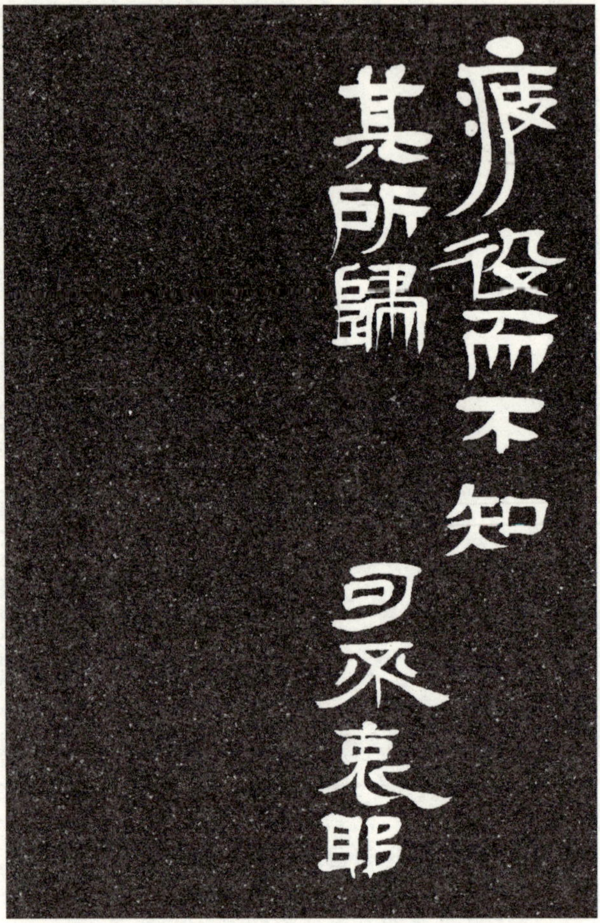

疲役而不知其所归，可不哀耶。

——《庄子·齐物论》

三十二、永远不要自毁天性

本章讲《庄子》寓言“千里马的死亡”

马弃伯乐而生，人守本性而活。

伯乐毁了千里马

马，蹄可以践霜雪，毛可以御风寒。龁草饮水，翘足而陆，此马之真性也。虽有义台、路寝，无所用之。及至伯乐，曰：“我善治马。”烧之，剔之，刻之，烙之，连之以羁馽，编之以皂栈，马之死者十二三矣。饥之渴之，驰之骤之，整之齐之，前有橛饰之患，而后有鞭筴之威，而马之死者已过半矣。（《庄子·马蹄》）

庄子说：

马的蹄子可以践踏霜雪，毛可以抵御风寒。它喝泉水吃青草，翘足跳跃，此乃马的天性。

后来所谓“伯乐”出现，用剪剪马鬃，凿削马蹄，烙上印记，烙首绊脚押马拴起来，驱入马槽，使马死掉十分之二三，然后又饿着它，渴着它，驱驰，奔跑，训练，修饰，加以皮鞭和竹条的威胁，马已死了大半。

人自毁本性

庄子借伯乐毁掉了千里马的故事，讲人被人类社会毁掉了天性。

可悲的不是人毁我，而是自毁天性。

千里马

一日千里，主要是要有志在千里的心。当所谓伯乐相中了千里马，借以炫耀自己的眼力，继而把千里马打扮起来、囚禁起来，千里马就丧失了自由。

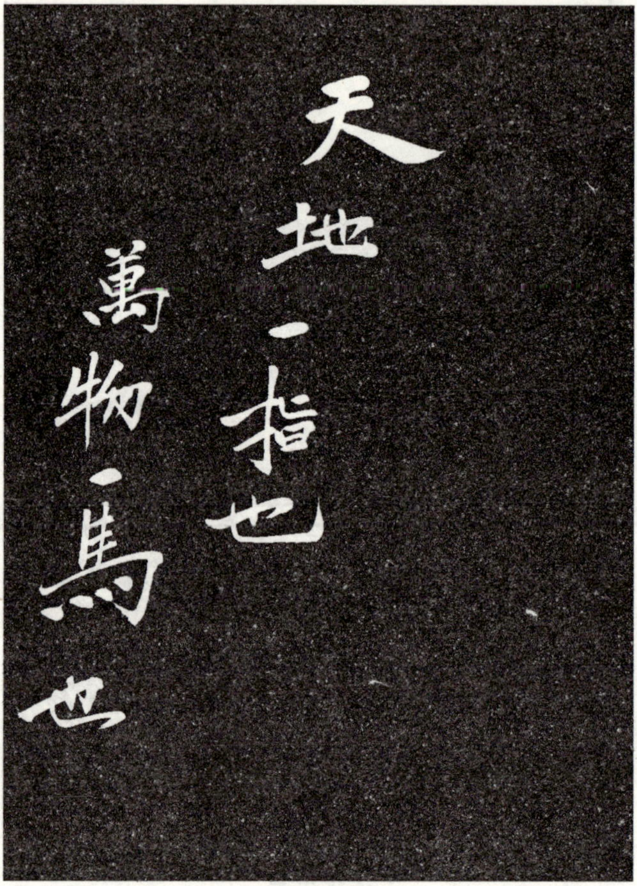

天地一指也，万物一马也。

——《庄子·齐物论》

三十三、有一万种状态不如只有一种心态

本章讲《庄子》寓言“壶子之道”

状态多了就变态，只有一颗心才自在。

壶子大战巫师

郑有神巫曰季咸，知人之死生、存亡、祸福、寿夭，期以岁月旬日若神。郑人见之，皆弃而走。列子见之而心醉，归以告壶子曰：“始吾以夫子之道为至矣，则又有至焉者矣。”壶子曰：“吾与汝既其文，未既其实，而固得道与？众雌而无雄，而又奚卵焉？而以道与世亢，必信，夫故使人得而相汝。尝试与来，以予示之。”

明日，列子与之见壶子。出而谓列子曰：“嘻！子之先生死矣！弗活矣！不以旬数矣！吾见怪焉，见湿灰焉。”列子入，泣涕沾襟以告壶子。壶子曰：“乡吾示之以地文，萌乎不震不正，是殆见吾杜德机也。尝又与来。”

明日，又与之见壶子。出而谓列子曰：“幸矣！子之先生遇我也，有瘳矣！全然有生矣！吾见其杜权矣！”列子入，以告壶子。壶子曰：“乡吾示之以天壤，名实

不入，而机发于踵。是殆见吾善者机也。尝又与来。”

明日，又与之见壶子。出而谓列子曰：“子之先生不齐，吾无得而相焉。试齐，且复相之。”列子入，以告壶子。壶子曰：“吾乡示之以太冲莫胜，是殆见吾衡气机也。鲵桓之审为渊，止水之审为渊，流水之审为渊。渊有九名，此处三焉。尝又与来。”

明日，又与之见壶子。立未定，自失而走。壶子曰：“追之！”列子追之不及。反，以报壶子曰：“已灭矣，已失矣，吾弗及已。”壶子曰：“乡吾示之以未始出吾宗。吾与之虚而委蛇，不知其谁何，因以为颓靡，因以为波流，故逃也。”然后列子自以为未始学而归。三年不出，为其妻爨，食豕如食人，于事无与亲。雕琢复朴，块然独以其形立。（《庄子·应帝王》）

庄子说：

郑国有个巫师名叫季咸，十分灵验，能占生死祸福，人们见了他，都要抛掉东西跑开。

列子折服不已，回来对壶子说：“我以为先生的道术最高了，现在才知道还有更高的。”

壶子说：“我最高的道还未传授给你，你请那巫师来看看我的相。”

第二天，列子邀请季咸来看壶子的相。看完了相，季咸出了门对列子说：“你先生神色如灰烬，形象怪异，不能活了。”

列子进屋大哭一番。

壶子说："我给他显现的是寂然不动的心境，他只能看到我闭塞的生机，再请他来看看。"

第三天，列子又邀季咸看壶子。

季咸看后对列子说："你先生幸亏遇上了我，有救了，闭塞的生机开始活动了。"

列子进屋把话告诉壶子。

壶子说："刚才我给他看的是天地间的生气，一线生机从脚后跟升起，他只能看到我的一线生机，再请他来看看。"

第四天，列子再邀请季咸。

看后季咸对列子说："你先生神态恍惚，无法看相，待心神安宁时再看吧。"

列子把话转述与壶子。

壶子说："我给他显示的是没有征兆的太虚境界，你再请他看看。"

第五天，列子又邀请季咸看壶子，季咸还未站定便逃跑了。

壶子叫列子去追，列子没追上。

壶子对列子说："刚才我给他显示的是万象皆空的大道本像，跟他随意应付，他弄不明我的究竟，像草遇到风就散乱了，所以他逃跑了。"

列子这才知道自己什么也没学到，回到家里三年不出门，为妻子做饭，喂猪就像伺候人一样，对任何事物没有偏私，抛弃了浮华而恢复了真朴。

不用试探，我心如一

庄子借道人壶子大战神巫季咸的故事，揭示人有多种状态。人与人交往互动，不可以说死对方是什么人。此一时彼一时，当两个状态不确定的人交叉在一起，混乱不可避免。

当两个状态确定的人在一起，可以做事。

壶子显示了自己的多种形象，为我们展示了人生的多样性，这虽然可以击退试探者季咸，但并非好事，因为太善变了。

列子因此悟出不要那么多状态，有一种恒定的状态就好了，因此他回家后返璞归真，从多归一。

壶 子

壶子头顶一个葫芦纹丝不动，静若深渊，水有时荡，有时止，每次都不同，从而让前来挑衅的神巫季咸攻不入、识不破、击不得，最后只有落荒而逃。

狂者最喜欢以狂对狂，你静如水，就可以使他感觉你大如山。

居无思，行无虑，不藏是非善恶。

——《庄子·天地》

三十四、有约定才有享受

本章讲《庄子》寓言“朝三暮四”

朝朝暮暮，莫如朝露。

朝三暮四

狙公赋芧，曰：“朝三而莫四。”众狙皆怒。曰：“然则朝四而莫三。”众狙皆悦。（《庄子·齐物论》）

庄子说：

养猴的人喂猴子吃饭时说：“早上给你们吃三升，晚上给你们吃四升。”

猴子们非常生气。

养猴的人便说：“那么早上给你们四升，晚上给你们三升。”

这群猴子听了都很高兴。

庄子这个故事寓意为世人善变，却于现状丝毫无改。因此人最好不要玩花样，否则把戏早晚戳穿。猴子好骗，你自己不好骗。你在耍猴的同时，也在把自己当猴

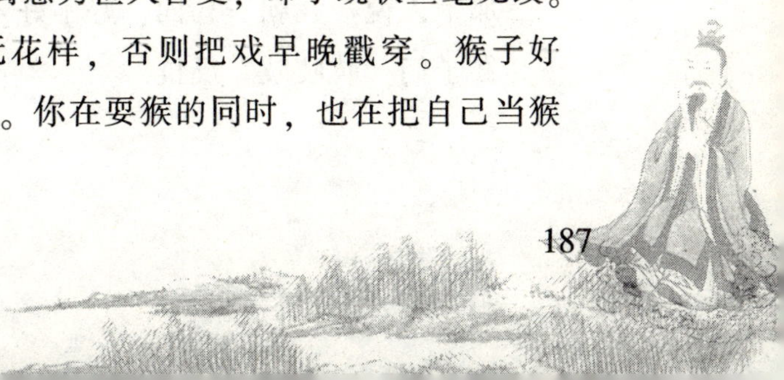

耍，又何必？

不如放猴归山，我自耕田。这样就不用朝三暮四，也不用朝四暮三。这样你是你自己，朝朝暮暮心都安宁。

食而不甘

成语“朝三暮四”即源于此。

不要笑这群猴子愚蠢，有些人有时连猴子都不如。

猴子虽然被愚弄，但再怎么着，它们拿到果子吃的时候真的很开心。

人最严重的问题不是没果子吃，而是吃果子的时候没感觉。

这其中有人的问题，也有果子本身的问题。

人的问题指人太贪婪，弄得自己很匆忙，囫囵吞枣，当然吃不出滋味。

果子本身的问题更大。世上有善果，有恶果。你吃一个恶果，能吃出善吗？你吃一个苦果，能吃出甜吗？当然不能。

有约定才有享受

可惜猴子也被囚禁了，又被愚弄了。

那个人说：我朝三暮四，好不好？

猴子们“吱吱吱”反抗。

那个人又说：那么我朝四暮三，好不好？

猴子们“嗷嗷嗷”欢呼。

可悲的不是猴子，而是那个自以为有趣的驯猴人，他不知道自己的命运早被驯服，自己的天性早被驯化，他早被愚弄，并且正在被愚弄。

勿自欺

更可怕的是：我们自己骗自己。

不是别人对我们朝三暮四，事实上是我们自己朝三暮四。

我们一会儿这样，一会儿那样，如此多变的心，安得不彷徨？

能不能心定下来？

能不能只有一个唯一。

庄子说“哀莫大于心死”，要想心死者醒来，必须忘掉自己，忘掉过去。

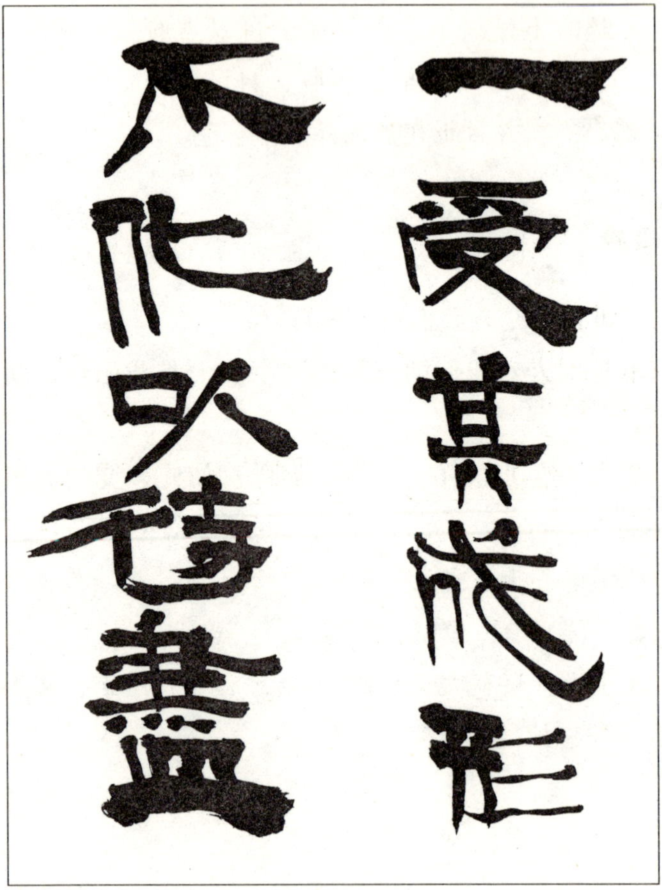

一受其成形，不化以待尽。

——《庄子·齐物论》

三十五、命运是用来改变的

本章讲《庄子》寓言“子桑在细雨中呼喊”

人生贵在参与，必有意外收获。

雨中的歌唱

子舆与子桑友，而霖雨十日，子舆曰：“子桑殆病矣!”裹饭而往食之。至子桑之门，则若歌若哭，鼓琴曰：“父邪！母邪！天乎！人乎!”有不任其声而趋举其诗焉。

子舆入，曰：“子之歌诗，何故若是？”曰：“吾思夫使我至此极者而弗得也。父母岂欲吾贫哉？天无私覆，地无私载，天地岂私贫我哉？求其为之者而不得也。然而至此极者，命也夫！”（《庄子·大宗师》）

庄子说：

子舆和子桑是好朋友。

有一回阴雨一连下了十天，子舆担心子桑饿出病来，就带去饭给他吃。

来到子桑门前，听到子桑像在唱歌，又像哭泣，还弹着琴："父亲啊！母亲啊！天啊！人啊！"

歌声衰微，歌词急促。

子舆进门说："你唱歌怎么这种调子？"

子桑说："我在探求使人处于如此困窘的原因。父母要我贫困吗？天地偏要让我贫困吗？我没有找到原因，然而我到了如此绝境，还是由于'命'啊！我承认有命，但我对命运说'不'。"

庄子这个故事借子桑之口追问人的命运：既然一切都安排好了，还要我做什么？

人生贵在参与，你明知无望，你积极去做也不会成功，但可以在做的过程中做出预想之外的事情。如果什么也不做，就只能真的任命运宰割了。

对命运说"不"

《易经》上说："改命，吉"，指出人要勇于改变自己的命运，才是有福的。一味顺从，只会堕入魔鬼的怀抱。你要看准了再顺从，不可以对谁都顺从。

子桑"在细雨中呼喊"，充满了对命运挑战的勇者精神，值得学习。

子桑说"命也夫"，讲他"认命"。世上有两种人认命：一种人真的认命，一切逆来顺受。还有一种人其实不认命，他认的是自己的命。

说"不"，并且做出"不"，才能成为"是"。

子舆拿着饭去看子桑

子桑在屋里没饭吃，大声唱歌。子舆问他为什么这样，子桑说我偏要这样。子舆说那你别吃饭，子桑又说我偏不这样！

子桑这样的人常对自己的命运说“不”。

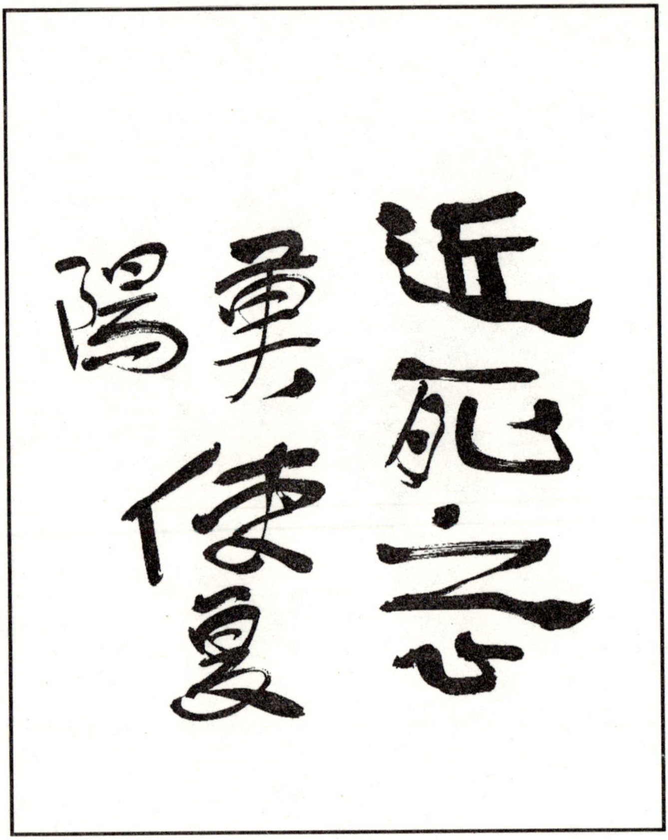

近死之心，莫使复阳。

——《庄子·齐物论》

三十六、“无用”者恰恰有大用

本章讲《庄子》寓言“大葫芦的寓言”

别说有没有用，关键在于怎么用。

大葫芦的用处

惠子谓庄子曰：“魏王贻我大瓠之种，我树之成而实五石。以盛水浆，其坚不能自举也。剖之以为瓢，则瓠落无所容。非不呺然大也，吾为其无用而掊之。”庄子曰：“夫子固拙于用大矣！宋人有善为不龟手之药者，世世以洴澼絖为事。客闻之，请买其方百金。聚族而谋曰：‘我世世为洴澼絖，不过数金。今一朝而鬻技百金，请与之。’客得之，以说吴王。越有难，吴王使之将。冬，与越人水战，大败越人，裂地而封之。能不龟手一也，或以封，或不免于洴澼絖，则所用之异也。

今子有五石之瓠，何不虑以为大樽而浮乎江湖，而忧其瓠落无所容？则夫子犹有蓬之心也夫！”（《庄子·逍遥游》）

庄子说：

魏王送给惠子一颗大葫芦的种子，惠子把它种在地里，长出容量为五石的大葫芦，用来盛水坚硬程度不够，锯开作瓢又没有容下它的水缸，惠子认为大而无用，就把葫芦砸碎了。

庄子对惠子说："这是你不会使用大的东西。宋国有一个世世代代以漂洗为业的人，制造了一种治冻疮的药物，有个客人愿出百金收买他的药方，这个宋人视这药物用处不大而卖给客人，客人拿了药方游说吴王，吴王率兵与越国作战，因有这药而打败越国，这个客人得以封侯。这个客人便懂得事物的大用，你有五石容量的葫芦，为何不把它作为轻舟而浮游于江湖，可见你心如茅塞还未开通。"

庄子这个故事借葫芦说人，指出人不怕"无用"，只怕不能做大。你大起来，自然用处极大。如果还无用，只能说明你并不大。

大，不是外形大，而是说你有合乎大道的心，恰似葫芦包藏的种。

"无用"千里万里者必有大用

庄子这话说得好极了！

砸碎了的葫芦还可以用来作瓦，不行就用来铺路，又怎能说没用呢？

惠子的错误倒并不在于砸碎了葫芦，而在于不知道砸碎了的葫芦意味着什么。

——意味着什么？意味着有大美，有大用。

庄子说“天地有大美”，不是说天地可以使风调雨顺、五谷丰登，刚好相反，天残地缺，才是大美。月残花残，骊歌送别，易水潇潇，白衣满岸，这些，难道不是最正常不过的吗？砸碎一只葫芦又算什么呢？

死者为大，残者为美。

说得更明白些：死人都是好的，残缺者让人觉得更美。我深深怀念一些老人，他们在世时我并不认为有什么，他们死了我才觉得他们果然是很好的！至于残缺之美，无须我再说什么。

一样东西一旦大起来，自然有大用，绝不会无用。石头大起来，可以为房。木头大起来，可以为梁。一个人的名气大起来，可以御强梁。

这些都是老庄的精神，道家的真义，如果你认为依然是空话，那可以关上本书了。如果你认为不妨听听，那我们可以继续作认真的交谈。

惠子说：这个大葫芦大而无用。

庄子说：大即是有用，关键在于怎么用。

惠子不懂。

庄子以药为比方，指出东西要用在紧缺的地方，而不是作奇巧之物展示。

庄子继而产生美妙联想，要用这个大葫芦作小船，到处去漂荡。

坚持到底，不怕破碎

值得咀嚼的是，当惠子与庄子在谈论一个大葫芦时，那只大葫芦已经砸碎了，那么意义安在？

——意义不在于避免第二次砸碎，反在于就此审视它破碎后是否真的无用。

如果是好东西，必会有用到底，绝不会开始时有用，慢慢就没用了，更不会到最后彻底没用了。

——凡是不能坚持到底的，先前的也必将作废。

——凡是不能忍受苦楚的，将不能获得幸福。

——凡是不能适应破碎的，将无法圆满。

——凡事到底，才有意义。

我不是说有价值，而是说有意义。

碎了才会露出来

还有个问题：破碎的葫芦是不是葫芦？

庄子说：永远是葫芦，因为它里面有葫芦的种。

还有个问题：假想中的葫芦舟是葫芦还是舟？

庄子说：是葫芦也是舟。葫芦的种在它里面，因此它是葫芦。大葫芦抛在水上，可以浮起来，因此它是舟。

惠子和庄子见面打招呼

惠子和庄子是好朋友，两人经常讨论哲理。关于那个超级大的葫芦，惠子认为没用，庄子认为没用就是最大的作用，因为没用，所以自由。有用则丧失自由，甚至丧失自己。

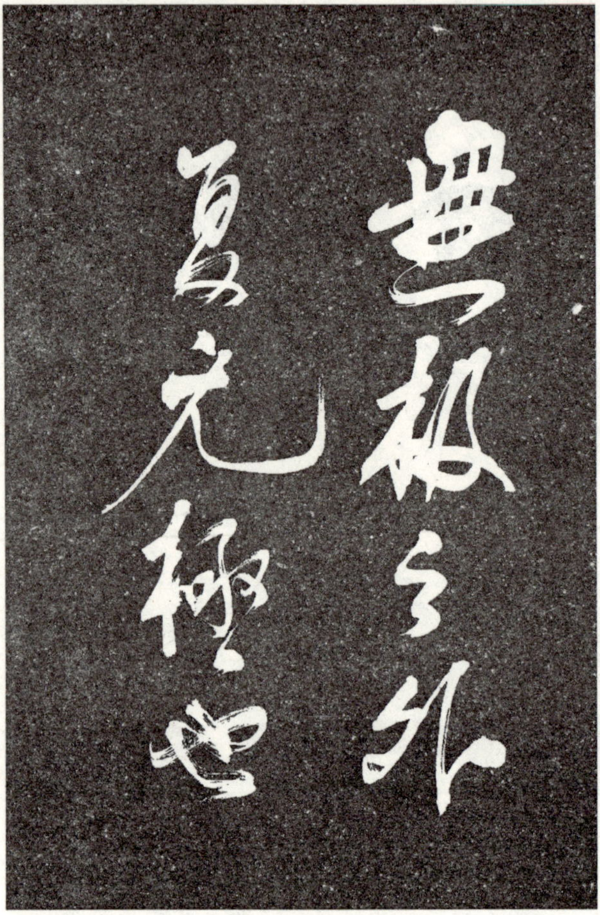

无极之外，复无极也。

——《庄子·逍遥游》

三十七、通过“忘我”进入“大我”境界

本章讲《庄子》寓言“蒲衣子之道”

忘记自己“是什么”，就进入了“不是什么”的境界。

蒲衣子讲道

啮缺问于王倪，四问而四不知。啮缺因跃而大喜，行以告蒲衣子。

蒲衣子曰：“而乃今知之乎？有虞氏不及泰氏。有虞氏其犹藏仁以要人，亦得人矣，而未始出于非人。泰氏其卧徐徐，其觉于于。一以己为马，一以己为牛。其知情信，其德甚真，而未始入于非人。”（《庄子·应帝王》）

庄子说：

啮缺问王倪，一连四次都得不到回答，啮缺高兴得跳跃起来，去蒲衣子那里把情况告诉了他。

蒲衣子说：“你如今知道了吗？虞舜不如伏羲氏。虞舜心怀仁义以结人心，虽然也能得到百姓拥戴，但还不曾超脱外物的牵累。伏羲睡卧时安稳舒服，醒来时悠闲自在，任人把自己称为马，任人把自己称为牛，他的

智慧真实无为，德行真实可信，从不为外物牵累。如今我也很高兴被称作牛马!”

庄子这个故事借把虞舜与伏羲氏的两种做人之道相比较，得出的结论就是：做人要不累，关键在于不被外界牵累。人家说你是牛马你就是牛马，你越辩解越无用，不如承认，并且自得其乐。

“非人”是人的境界

很多人时时不忘自己是人，反而做不成人。

有的人则忘了自己是人，反而凭此进入“人”的境界。

“非人”是人的境界。

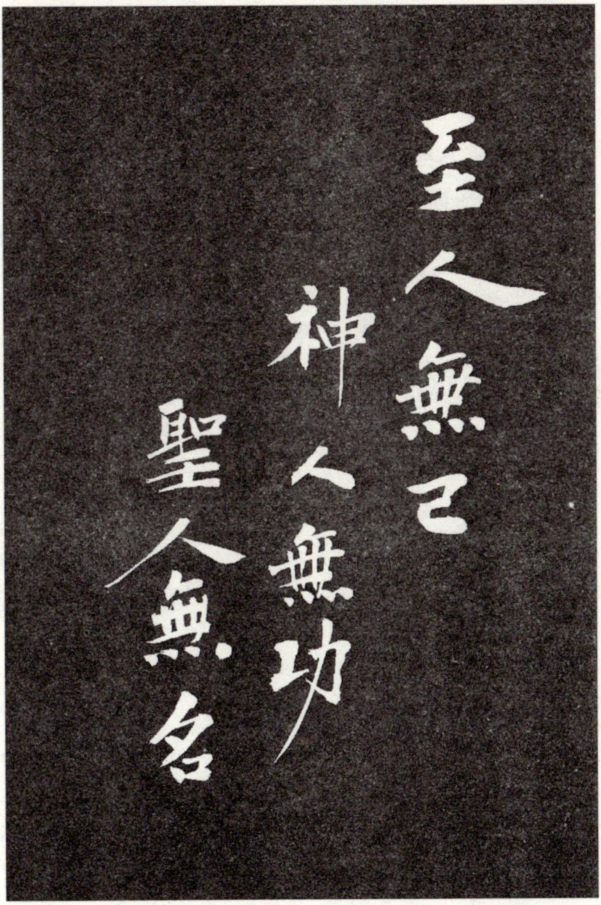

至人无己，神人无功，圣人无名。

——《庄子·逍遥游》

蒲衣子讲道

蒲衣子的大意是说别人说他是牛他就是牛，说他是马他就是马，总之要进入“非人”的境界。达到“非人”的境界，就可以做人了。人要做他自己，就要了解他的反面。

三十八、获得枷锁才能获得自由

本章讲《庄子》寓言“鲲化为鹏”

人身上的包袱越来越重，就会索性扔掉所有的包袱。

鲲化为鹏

北冥有鱼，其名为鲲。鲲之大，不知其几千里也。化而为鸟，其名为鹏。鹏之背，不知其几千里也。怒而飞，其翼若垂天之云。

是鸟也，海运则将徙于南冥。南冥者，天池也。

齐谐者，志怪者也。谐之言曰：“鹏之徙于南冥也，水击三千里，抟扶摇而上者九万里，去以六月息者也。”

野马也，尘埃也，生物之以息相吹也。

天之苍苍，其正色邪？

其远而无所至极邪？

其视下也，亦若是则已矣。

且夫水之积也不厚，则其负大舟也无力。覆杯水于坳堂之上，则芥为之舟，置杯焉则胶，水浅而舟大也。

风之积也不厚，则其负大翼也无力。

故九万里则风斯在下矣，而后乃今培风。背负青天而莫之夭阏者，而后乃今将图南。

蜩与学鸠笑之曰："我决起而飞，抢榆枋，时则不至而控于地而已矣，奚以之九万里而南为？"

适莽苍者三餐而反，腹犹果然；适百里者宿舂粮；适千里者三月聚粮。之二虫又何知！

小知不及大知，小年不及大年，奚以知其然也？

朝菌不知晦朔，蟪蛄不知春秋，此小年也。

楚之南有冥灵者，以五百岁为春，五百岁为秋。

上古有大椿者，以八千岁为春，八千岁为秋。

而彭祖乃今以久特闻，众人匹之，不亦悲乎！

汤之问棘也是已：穷发之北，有冥海者，天池也。有鱼焉，其广数千里，未有知其修者，其名为鲲。有鸟焉，其名为鹏，背若泰山，翼若垂天之云，抟扶摇羊角而上者九万里，绝云气，负青天，然后图南，且适南冥也。斥鴳笑之曰："彼且奚适也？我腾跃而上，不过数仞而下，翱翔蓬蒿之间，此亦飞之至也，而彼且奚适也？"

此小大之辩也。（《庄子•逍遥游》）

庄子说：

北溟里面有条鱼，名字叫做鲲。鲲之大不知几千里，有一天它突然变成一只鸟，名字又叫做鹏。鹏的背不知道有几千里大，只要它猛地飞起来，翅膀展开就像垂天之云，给大地从南到北投下一道长长的阴影。

这只鸟儿，将随着海啸迁徙到南溟去。南溟就是传说中的天池。

有个人叫齐谐，专门讲神话。他对我说：大鹏鸟如果要飞到南溟，就会击水三千里，借助滚滚的气流上升，一直升到九万里高空。它是依靠六月里的热气飞翔的。那六月的热气啊，把世界蒸腾不休，像野马奔跑，像尘埃四散，又像所有的生物在互相吹气，太壮观了。

天空是如此苍茫，难道这苍茫就是它的本色吗？难道它还要永远苍茫下去吗？它如此苍茫，是不是因为太远了，以至根本无法达到？

唉，你如果从上边看下来，也是这样的。

而且，如果一条河没多深，那么它就不能过大船。打个比方，你把一杯水倒在堂前的小坑里，用小草做条船，那么就可以浮起来。如果你把杯子当船，就会沉下去，为什么呢？因为水浅。

同样的道理，如果一阵风太小，那么就载不动大鹏的翅膀。

因此，大鹏要飞九万里，就一定要把风甩掉，就像船甩掉河，人甩掉路。这样，才能走得远。

从今以后，它都要把风远远抛弃，并且要背对着青天，它才能往自己的目标飞去。

蝉和斑鸠笑大鹏说："瞧瞧我们，'嗯'地飞起，碰到树了就停下来，掉在地上就是了，你又何必辛辛苦苦飞九万里？"

这些小家伙哪里知道大鹏的志向。如果你只是去野地里走走，在外面吃几顿饭回来就可以了，肚子还鼓鼓的。如果你要走一百里，就要准备好干粮。如果要走千里远，就要花三个月的时间来准备了。这两个小东西又知道什么？

小智慧比不上大智慧，小娃儿比不上老头子。为什么我也这么说？你看，你看，树林里的蘑菇早上长起来，晚上就蔫了，它不知道月圆月缺；蝉活一夏，不知春秋，这就叫小年。在楚国的南面有一种冥灵木，以五百岁为春，以五百岁为秋。上古又有一种大椿树，以八千岁为春，以八千岁为秋，这就叫大年。如此看来，彭祖只活了八百岁，就不得了了，大家都一个劲儿向他学习，这不是很可悲的事吗？

商汤问一个叫棘的人也是这样。

汤问棘："上下四方有没有尽头？"

棘就说："有什么尽头！无穷的外面，还是无穷。喂，我告诉你，在穷发之北，有个溟海，就叫天池。天池里的鲲鱼飞而为鸟，名字叫大鹏，它要飞九万里到南溟去。而那些小鸟雀还在笑话它呢。"

这，就是小与大的区别。

庄子这个故事分三段讲：

第一段是故事主体，讲鲲化为鹏，寓意为人通过修道顺天获得自由。

第二段是故事插曲，庄子一连举了三个小故事：1.蝉与斑鸠笑大鹏鸟飞那么远；2. 远行不比近处游玩，要多带粮食；3. 天外有天，人外有人，彭祖在自然之物面前，根本不算长寿。这三个小故事寓意为小与大各有其优长。

第三段是故事结论，庄子假借汤与棘的讨论，再次雄辩地证明大就是大，小就是小，近就是近，远就是远。人要走得远，只有变得大。并且要遵循自然规律才能神奇飞跃。

小大有别

小与大有什么区别？

大的优点不在于大，而在于方便。

大鹏鸟的优点不在于大，同样在于方便。

它可以去南溟，也可以回到北溟。如果不大，则占有空间小，占用资源少，不能尽意。

记住：为了摆脱小的困扰，一定要做大！

更要记住：为了摆脱大的困扰，一定要做大！

后一个大就不只是形式大了，而是有大法则、大境界了。

老子讲辩证，说“大象无形”。

庄子不讲辩证，说有“小大之辩”。

老子认为大小无区别，庄子认为大小有区别，而且区别大了。

大则变

《庄子》开篇就讲了一个“大鱼变大鸟”的故事，说的乃是一个实实在在的做人的道理，不是空谈，不是玄言。

庄子讲的这个故事不是乱说，而是对我们有参照价值的寓言。它实实在在，明明白白。初读《庄子·逍遥游》的朋友会沉醉在庄子的诗意笔法中，只看到它的优美，看不到它的哲理。

凡事有时

太白诗云："长风破浪会有时，直挂云帆济沧海。"就是学的庄子。鲲会化为鹏，这是一定的。小男孩会长成大丈夫，这也是一定的。

关键在于你敢不敢去做，更重要的是你敢不敢信这个"时"!

时者，天时也。天有命，人有时，你不得不做大!

凡事有度

鹏飞九万里到南溟，它为什么不飞十万里？因为那样就飞过了。

从北溟到南溟，就只有九万里的路程，你飞十万里有意义吗？

谁不知道你翅膀大，"若垂天之云"，别让自己的翅膀把你带向毫无意义的远方。

有个人到了一个城市，哪里都好奇，他走走停停，停停走走，不知不觉迷了路，蹲在路边大哭。有个好心的人把他用车带回去，路上他紧闭了眼，再也不敢看那些花花绿绿的景观。

凡事有度，心里有数。

超过这度，事情就变得无意义。

凡事有变

有变好。变化成就了未来。

鲲看见变天，心里就欢喜。一切机会只在变化中。一成不变就毫无机会。

鲲想变到“无”的境地，不但不做鱼了，而且不做一切有形之物，它要回归无形，嬉戏于无有。比风更流通，比空气更透明，直接做一个快乐的灵。

做了快乐的灵，才能做一只有形的鸟。

这是极高的境界。

没变化就会死。

有变化才活。

变化是丰富。

变化是展现生活的另一面。

没有变化就没有新鲜感，承认自己被改变、承认自己在变化，并且承认变有变的道理，这才是一个积极上进并且不失本心的人。

凡事有变，明白这一点，乃可成事。

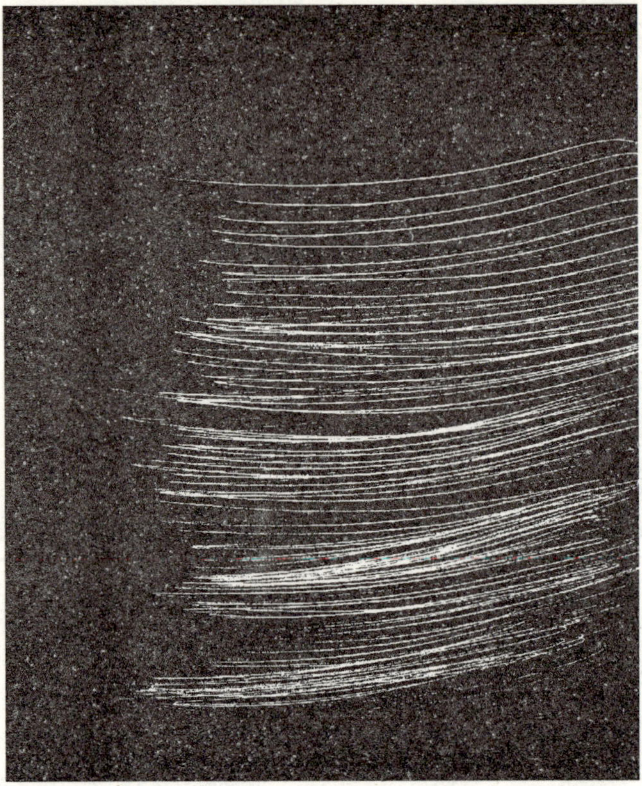

北 溟

庄子想象中的北溟是一片深邃的海，象征着人的未知世界。未知激发求知，求知于是有知。有知之后，又知道自己终究无知，于是那片未知的海更加深邃，人却不再恐惧——知道自己终究无知后，人就放弃幻想，反而成为实实在在的自己。

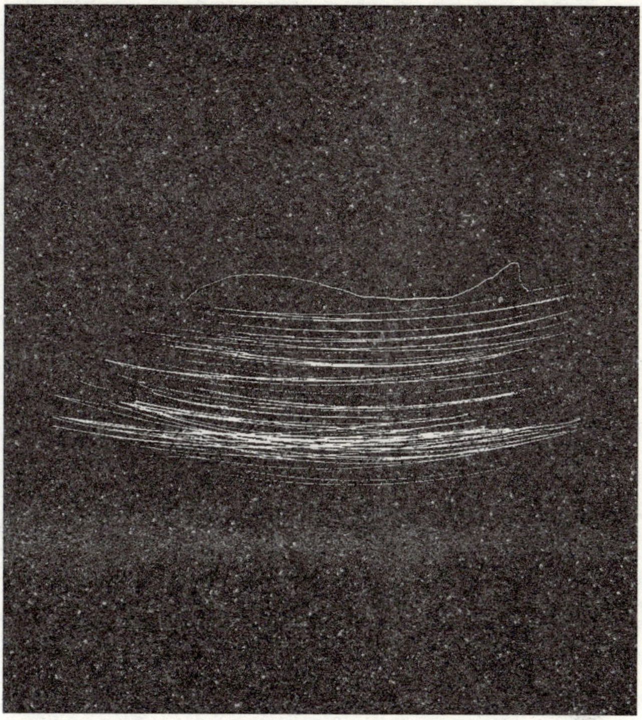

北溟有鱼，其名为鲲

庄子说的北溟是从未知到已知的世界，人在其中，仿佛北溟中的一条鱼。鱼自由地游弋，但又跃不出水。就在这无法上升的自由中，人渐渐长大。鲲很大，那是长期在囚禁中自由生长的必然结果。它一点点长大，借以战胜空虚，充实自己，获得希望。

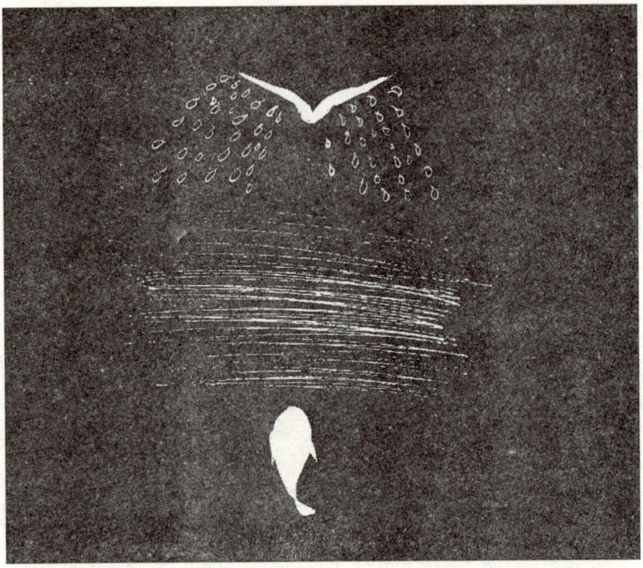

鲲化为鹏

鲲化为鹏，是从必然王国到自由王国的过程。这其中的关键并不在于获得自由，而在于获得枷锁。

人身上的包袱越来越重，就会索性扔掉所有的包袱。如果包袱不是够重，你就舍不得扔。

鲲已经大得没法再在水里游，它要么死，要么飞起来。它选择飞起来。

这其中的关键在于“乘风”：借外力御力，驱动本能加入自然变化。

天地四方没有尽头

没有尽头好，永远达不到目标好。这样人才会去掉狂妄心、追求心、执著心，明白只有在有限中才能获得自己。假如人不死，将受煎熬。假如人完全自由，将无所适从。

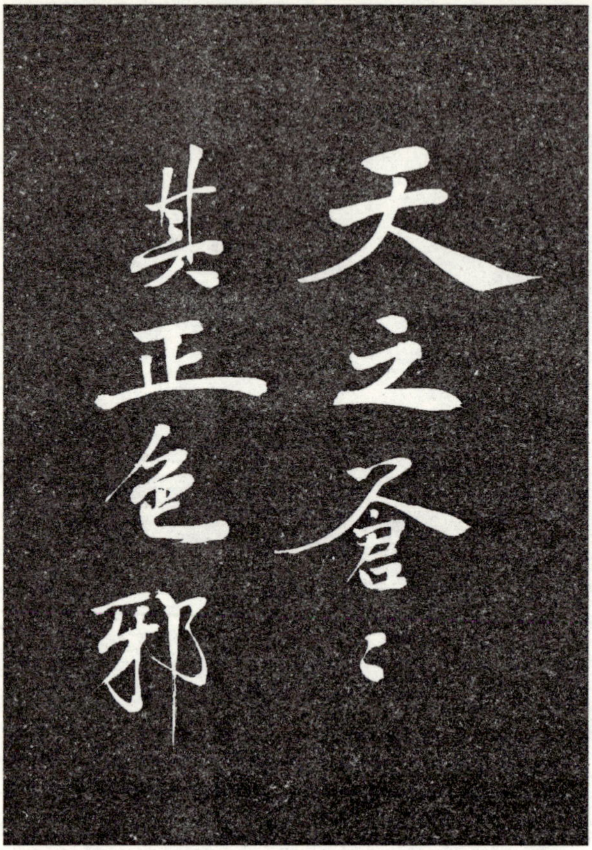

天之苍苍，其正色邪

——《庄子·逍遥游》

这一句可以叫做庄子的“天问”。屈原的天问是问天的起源何在，庄子的天问问的是天的本来面目，都是一个问题。“苍苍”并非天的“正色”。天无色。天苍苍，是因为人苍苍。

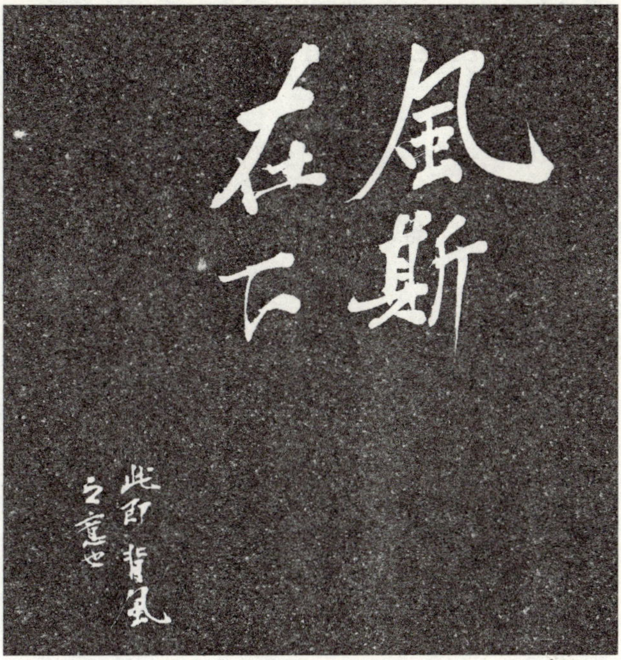

风斯在下

——《庄子·逍遥游》

风在鹏的下面，鹏抛弃了风，因此可以飞得更远。

三十九、在失去中获得转机

本章讲《庄子》寓言“丽姬的故事”

弃事而就人，始可享受人生。

丽姬被劫

丽之姬，艾封人之子也。晋国之始得之也，涕泣沾襟。及其至于王所，与王同筐床，食刍豢，而后悔其泣也。(《庄子·齐物论》)

庄子说：

丽姬是艾地祭司的女儿，貌美如花，晋国征伐时俘获了丽姬。丽姬因被俘而悲痛欲绝，泪水浸透了衣襟。后来她进了晋国的王宫，跟晋王一起生活，与晋王一同享受山珍海味，晋国的富庶超过艾地，丽姬这才后悔当初不该哭泣。

庄子这个故事讲人多半看不清突发事件，也看不清日常生活。

弃事而就人，始可享受人生。

幸福与不幸福

庄子这个故事它不是教人逆来顺受，也不是说可以侥幸获得幸福。不是这样的，庄子想说的不是这个。

丽姬者美女也，美女天成，此为大幸。美女遭劫，此为大不幸。但她被人抢去竟然获得幸福，又是大幸。她的幸福由敌人所赐，这不得不说是人生的一大反讽。

庄子想说的就是这个。

表面上看，庄子讲的这个故事是在诠释老子的名言“祸兮福所倚，福兮祸所伏”，但庄子所想的与老子不一样。

老子指出：一切都会转换。

庄子则指出：有的事情一旦经历了，就永远不能再改变，不会再转换了。

丽姬从被抢的那一天，就不能再回到清清白白女儿身。后来她成了晋王的女人，当然就彻底没法再变了。

幸与不幸，可以转换。

人的一生有去无回，不可以转换。

大家比荒唐

我问庄子：丽姬被抢后真的幸福吗？

庄子答我：真的幸福。

我说：请述其详。

庄子说：事情是这样的。——丽姬那天坐在家里纺线，外面忽然有人冲进来，把她一把就抱走。但她在路上遇到了礼待，并没有她担心的马上就被强暴。小姑娘的心里又害怕又好奇，她一定要知道抢劫她的人是谁。

我说：再述。

庄子说：事情是这样的——丽姬被献给了晋王。噢，她看到这个敌人仪表堂堂，英俊潇洒。从见到晋王的那一瞬间，她以前所坚持的一切信念就崩溃了。

我说：可不可以这样讲，人的幸福因人不因事？再好的事若是人不对头，依然不能成为好事。相反，再坏的事只要碰到对头的人，马上变成了好事。

庄子说：幸福就是这样产生的。

突发事件改变人生，上天改变突发事件。

庄子这个故事讲人多半看不清突发事件，也看不清日常生活。人的感觉多半不对头，事情使你迷茫，只有具体的人才能使你清醒。

弃事而就人，始可享受人生。

丽姬

丽姬因被劫反而得幸福，庄子讲这个故事意在揭示：人生皆由悖论组成，越是幸福，来得越突然与没道理。

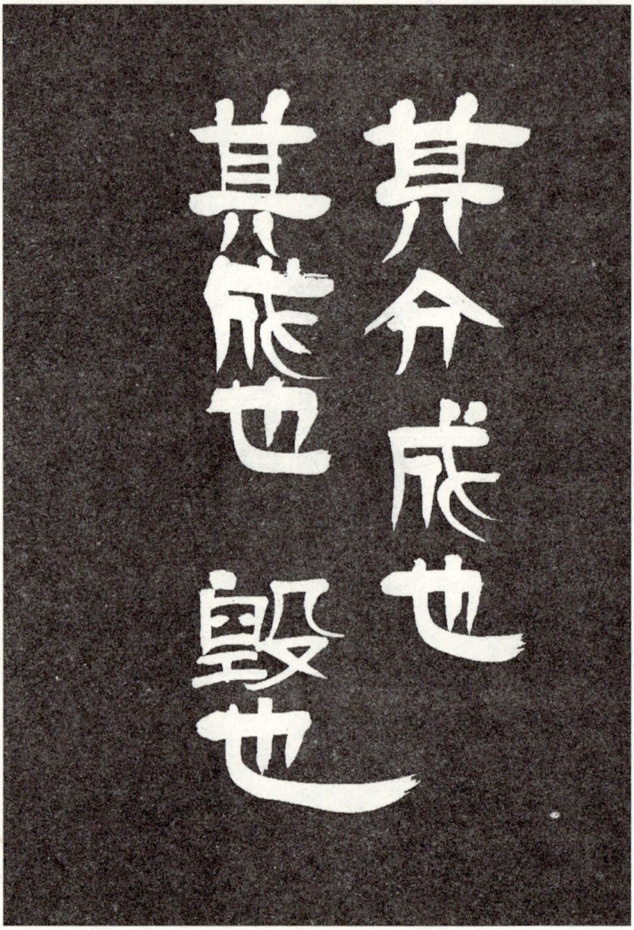

其分，成也。其成也，毁也。

——《庄子·齐物论》

后 记

一部《庄子》，味道最悠长。庄子身上有种极为特殊的东西，让人回味悠长，那就是对“人生无奈”刻骨铭心的体验，对“自由”一往无前的追求。

不可以说庄子消极，要说庄子清醒。

不可以说庄子遁世，要说庄子的内心别有天地。

我视庄子，吾师也。什么时候那只蝴蝶才能把我带走？

王少农

2010年9月4日，深夜

邮箱：meixinding@sina.com